江苏古村落寻查

刘海波　著

中国建筑工业出版社

图书在版编目（CIP）数据

江苏古村落寻查 / 刘海波著 . —北京：中国建筑工业出版社，2016.12
ISBN 978-7-112-20252-2

Ⅰ . ①江… Ⅱ . ①刘… Ⅲ . ①村落－研究－江苏 Ⅳ . ① K928.5

中国版本图书馆 CIP 数据核字（2016）第 317602 号

本书是作者历经两年时间，对江苏省内30余个古村落进行实地考察、拍摄、记录、访谈，对重要村落、街巷、建筑进行测绘和航拍后整理编写而来。全书共收录20余个江苏古村落，从自然环境、历史传承、村落形态和民俗文化4个部分对古村落进行细致的剖析与讲解。内容丰富，语言优美，并配有大量精美的图片，使读者身临其境，了解古村落环境特点和建筑风格的同时，感受浓郁的民俗风情。

本书适用于建筑、规划、风景园林行业的所有从业人员，也适用于从事建筑遗产保护研究的人员以及大中专建筑、规划专业的学生、教师。

责任编辑：杨 虹 尤凯曦
责任校对：李欣慰 王雪竹

江苏古村落寻查
刘海波 著
*
中国建筑工业出版社出版、发行（北京海淀三里河路9号）
各地新华书店、建筑书店经销
北京嘉泰利德公司制版
北京方嘉彩色印刷有限责任公司印刷
*
开本：787×960毫米 1/16 印张：$18^1/_4$ 插页：1 字数：318千字
2017 年 11 月第一版 2017 年 11 月第一次印刷
定价：96.00元
ISBN 978-7-112-20252-2
（29765）

前言 PREFACE

对于江苏传统聚落的认知，以古镇最为显著，“全国十大历史文化名镇”有三个在江苏。尤因阮仪三先生著述《江南古镇》以后，江苏古镇更为引起关注，相关研究颇丰。相比较，江苏古村落反而显得冷落了许多，古村落由于在格局、规模、风貌等方面的保存现状往往不及古镇，受到的重视程度也远远不如古镇。

中国是农业大国，村落分布范围广、数量多，这些土生土长、乡土气息浓厚的村落，是培育中国本土文化最为厚实的土壤。古村落是中国质朴的传统建筑文化的承载体，无论在空间形态还是构景方面都独具风格。古村落中既包括街巷、民居、古树、河道等视觉形态，也包括生活方式、生活形态、民风习俗等隐形文脉，且越来越引起重视的是村落的整体生态。但很多村落已随着时代的发展、生产方式、社会环境的变迁逐渐消亡，乡村的魅力正在逐渐丧失，“乡愁”已经无处寄托。

正因如此，作者历经前后近 2 年的时间，对江苏省内 30 余个古村落进行了实地考察、拍摄、记录、访谈，对重要村落、街巷、建筑进行了航拍和测绘。虽早有准备，但这个记录、测查的过程充满着矛盾和失落。当村落大量人口流入城市，文化重心呈现城市一边倒之时，有时面对的不是传统民居、风貌人为的破坏，而是在时间进程中的必然衰落；有时面对的不是没有保护资金的困窘，而是投入后粉饰成新的尴尬，当呈现在眼前的是整修全新，貌如影视基地、风情一条街的村落，甚至叫卖的吃食、玩意也早在丽江、大理、宽窄巷子、夫子庙扎根开花许久时，顿时手足无措。

但是不管如何，村庄是真实的存在、生活状态是真实的存在，真实的呈现比按需的表达更为有价值。也正是为了更真实，没有修饰与美化，没有迎合我们对传统村落的审美和期望，即便是遍地瓷砖水泥的“新农村建筑”，也没有顾及会使整书的“传统文化审美”打折扣而进行择选，这当然很艰难。所有这些，仅为江苏古村落前世今生的发展，留下历史的真实。

目　录 CONTENTS

前杨柳村274号民居

杨柳

1. 杨柳

杨柳村位于南京市江宁区湖熟街道西北，隶属于湖熟街道的杨柳湖社区，总占地面积约1200亩。历史上的杨柳村分为前杨柳村、中杨柳村以及后杨柳村，中杨柳村毁于兵火，现存前杨柳村和后杨柳村。2013年8月入选为第二批“中国传统村落名录”。

一、自然环境

杨柳湖地区属丘陵地貌，海拔在4~21米之间，整体北高南低；地势较为平缓，坡度大多在8%以下，其中北部起伏较大，中部村庄所在地最为平坦，坡度在2%~5%之间。

杨柳村的整体形态以自然山水地形为依托，村庄背山面水，村内河塘环布，村落整体由北向南呈现“丘陵—村落—湖”的北高南低的格局，四周土地广袤，

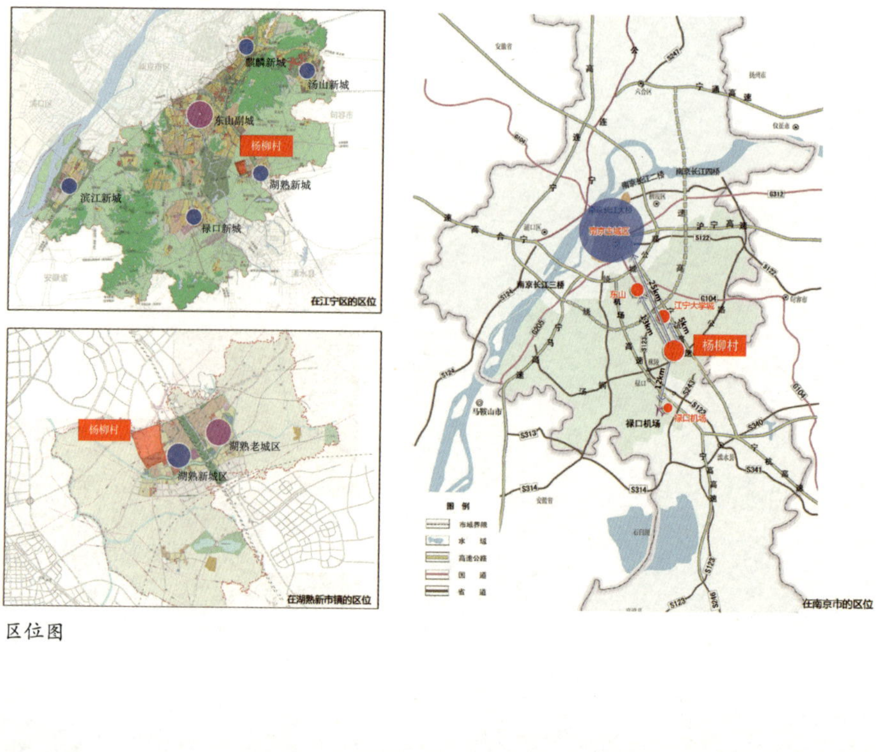

区位图

视野开阔。北部是以马场山为主的丘陵地带，东北侧分布着些许农田。中部东西向分布着两个自然村，东侧是杨柳村、西侧是后塘西村。南部则是杨柳湖，周边环绕着部分农田。

二、历史传承

杨柳村里少见杨柳，村落名的得来并不是由于山里多杨柳树的缘故。一说法村名取自于《诗经》佳句“昔我往矣，杨柳依依，今我来思，雨雪霏霏”。另一说法为朱家七世祖朱孔阳（1537~1613）年，从句容陡门口迁居今江宁县龙都乡杨柳村。朱氏六世祖朱武公生子孔阳、孔昭、孔彰，以挑高箩为生。后武公夫妇去世，由长子孔阳持家。不久，孔阳将两间茅屋分给两个弟弟，自己挑高箩外出谋生。一天，他来到杨柳村，太阳快要下山，便在塘边生火做饭。饭后洗碗，碗竟滑落塘里捞不到。他认为是“天意”，便打算留下不走，当即借宿于佘姓一老翁家。佘老翁见他忠厚老实，不久就把女儿许配给他，也就是“阳留”通“杨柳”了，从此，一家辛劳，日子越过越好，代代相传，人丁兴旺，逐步形成了村庄。

朱家聚居在杨柳村至今有四百多年，子孙繁衍已有二十代。历史上的杨柳村分为前杨柳、中杨柳、后杨柳三个自然村，按年代顺序，中杨柳村最早，大约建成于明代早中期，其次是前杨柳村，始建于明万历七年（1579年），后杨

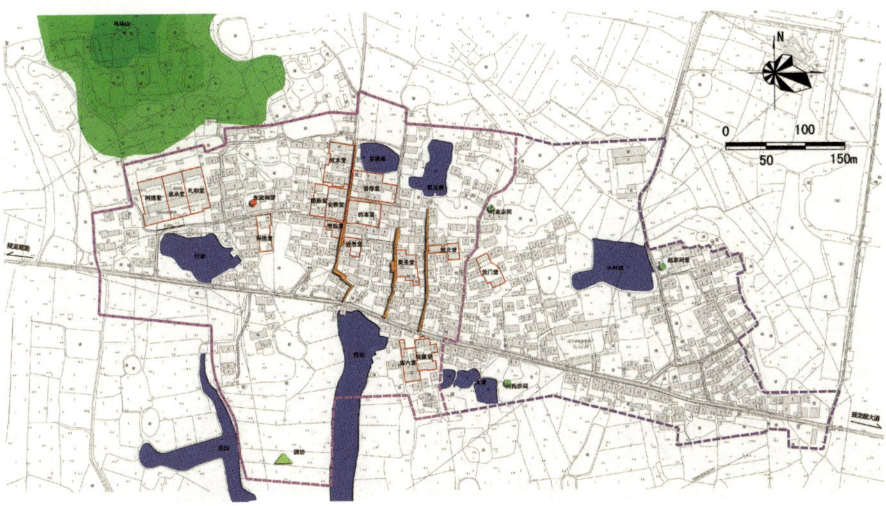

村落形态及主要传统建筑

柳村则为清代咸丰以后建成。清咸丰年间，中杨柳村毁于太平军战火，只有前杨柳村的36座宅院组成的古建筑群得以保存。这一组古建筑群自明万历至清朝乾隆、嘉庆年间先后建成，历时二百余年。

三、村落形态

杨柳村整体呈现“依塘而居，沿路拓展”的空间格局。村庄现存历史河塘10处，包括东沟、西沟两条河道以及环绕村庄的8个水塘，另有其他几十个大小不一、分布在村庄内部的水塘。历史上村庄大宅院依塘而建，水塘是大宅院的一部分，承担着安全、景观、生活等功能。现状水塘为村民的公共空间，多家共用，水塘边分布着水埠头，村民们日常生活洗漱多在水塘中进行，水塘依然延续着安全、生活的功能，同时也是村民生活交流的重要空间。

杨柳村现存6条传统街巷，由于年代久远，原有的青石板街也不复存在，取而代之的是改造后的新石板路、水泥路以及砖头路和泥土路，但街巷的格局尚存。现主要街巷呈“梳子形”布局。以东西向羊留路为主骨架，4条南北向

村外环境

大巷通畅连续，若干东西向小巷参差交错。杨柳村历史上宅院之间间巷相连，全部以青石板铺路，条石为阶，古时有“青石漫地石门楼，走进杨柳不沾泥”的说法，是一条洁净的“青石街”。

杨柳村住房面积约为3.8万余平方米，其中近半数为朱氏历代子孙所建。村内一个个自成体系的独立宅院，又名之为“堂”。各堂名称有翼圣堂、四本堂、树德堂、恩承堂、礼和堂、酌雅堂、安雅堂、思贻堂、敦本堂、崇厚堂、近思堂、敦裕堂、序乐堂、居易堂、天乐堂、映雪堂、祖耀堂、思齐堂、翼经堂、代耕堂、敦朴堂、慎德堂、省乐堂、铭馨堂、安裕堂、敦门堂、安乐堂、三槐堂、忠诚堂、圣德堂、光文堂等，还有朱、刘、时、赵四个姓氏的宗祠。

目前，不少宅院已被拆毁，保留的大多数也已破败不堪。四大姓氏的宗祠也只剩下朱氏宗祠，建筑质量较差，其他三个姓氏的宗祠已无痕迹。保存最完整的传统院落式古建筑是位于村落西侧的礼和堂、恩承堂和树德堂。为乾隆年间富商朱侯昌为他的三个儿子所建，占地约4000平方米。这三个宅院从东到西依次排列，称为“三堂上”。解放初，“三堂上”分别由朱、何、郭三姓大

户居住。1950~1954 年，海军第二医院迁至此处，直到 1954 年因发大水，交通不便而再迁宁波。此后一直到 1958 年前，秣陵中学办学于此。1958 年到 20 世纪 90 年代初 30 余年，“三堂上”一直为龙都中学校舍。

“三堂上”的礼和堂、恩承堂、树德堂这三个宅院整体的院落布局相似，礼和堂和恩承堂均为三进各 37 间，树德堂为四进共 47 间，三个宅院相互贯通，前后各有一个共用的庭院，外有高墙围合。每个堂的门楼均保存较好，门楣上的雕刻清晰可见，且题材广泛，其中比较好的 13 个门楼的题额为“旋马遗规”、“遵循韦训”、“出耕入读”、“居安由正”、“斯道常由”、“由斯直步”、“斯道坦然”、“缓步凝思”、“行仁履义”等，均为楷书砖雕，四周饰以人物、花卉等精美图案，富有浓厚的明清建筑风格。这些雕刻砖石门楼，纹式精美，刻工细致。

“三堂上”均为坐北朝南的多进穿堂式高墙深院。其规模格局大体保存传统样式，每个宅院都为中轴对称，中间多为厅堂，两侧为厢房。厅堂从进门起一般依次为门厅、轿厅和正厅，两侧的厢房多用作书房、次要住房及杂物间等，三个宅院并列形成一个较大的院落群体。整个建筑的住房部分多为两层，二层常常是小姐的闺房，这与徽派建筑结构类似，但又有其独到之处。当地传统民居通常沿着中轴线布置门间、堂屋和楼房，规模稍大点的则会在左右安排客房、次要住房和辅助用房。在各个群体之间，有前后相通的备弄，既可起防火作用，又便于巡逻。为减少暑热的辐射，宅院采取东西横长的平面布局，围以高墙，还采取在院墙上开漏窗，以及在房屋前后开窗的办法，以利通风、采光。客厅和书房前，砌台叠石，作为花圃，加以点缀，构成幽雅、娴静的庭院。有些宅院还在住宅左右或后部建造花园，整个布局井然有序。

内部结构一般采用穿斗式木构架或穿斗式与抬梁式的混合结构。门间通常面阔三间，进深四到六步架，两坡硬山屋顶。为能在前后柱间安装分隔的板壁，故脊柱落地。构架的结构方式与南京周边地区基本一致。大门设在门间檐墙的当中，门宕多用砖砌，也有部分使用条石门框，其上饰以门头挑檐。

杨柳村明清建筑群造房所用的石料，多出自苏州和南京青龙山，木料从江西湖广运来。当时为运输建筑材料方便，还专门开挖了一条从秦淮河到村内数里长的“运河”。位于秦淮河畔竹丝岗，有一处名叫“野埠头”的水陆码头，据说就是当年为建房运输材料的专用码头。砖瓦等材料则是就地取材，在马场山建窑烧制。

“三堂上”是目前南京地区最大、最完整的明清古民居群。其建筑古朴典雅，

村前水塘

益家塘

传统民居

传统民居

门楼装饰

门楼雕刻细致精美，空间结构布局合理，结合了江南、徽州及南京地区的风格特征。古建筑群的屋顶曲面大气但不张扬，建筑院落的尺度较小但却舒适，充分体现了宅院主人内敛的气质以及注重细节的性格。

四、民俗文化

高跷秧歌。杨柳村高跷秧歌已有三百多年历史，它是一种群众喜闻乐见、具有浓厚地域特色的民间艺术，风格喜庆热烈，表演技术精湛，令人叹绝，深受民间喜爱。早在康熙十二年，杨柳村就有一支由 18 个青壮年组成的队伍，至此，杨柳村高跷会成立。至清光绪二十四年，杨柳村高跷队发展初具规模。至民国年间，杨柳村高跷秧歌又经几代知名艺人口传身授，日臻成熟，队伍不断壮大，除农历正月十三至十六与玩花船、玩狮子、玩龙灯的配合演出外，每逢季会也随同出会。

采茶灯。起源于清朝时期，至今已有一二百年历史了，民国时期十分盛行，广为传唱。中华人民共和国成立以后不久，由于人们对文化生活的渴望，自发组建由淡永春传授和修改的采茶灯队，取名有采茶、卖杂货、数灯等。

漆桥

2. 漆桥

漆桥古村落位于高淳县北部，漆桥镇境内中部偏西处，占地面积 0.27 平方公里，北与宁望公路相连，西临宁宣公路，东至朝阳圩大河，交通和通信都十分便捷。漆桥古村落选址讲究，环境优美，建筑遗产较丰富，现居住人口近 5 千人，历史建筑、传统院落 253 处。建筑类型众多，建筑形式颇有特色，建筑装饰精美，保存状况良好，具有典型的徽派民居建筑特色，现存建筑最早建造年代为 1341 年，有较高的历史、文化、艺术价值和保护价值。村内存有孔氏宗祠（遗址），商业历史建筑主要集中在漆桥老街，有商铺、豆腐制作、打铁等传统工艺，重要街巷包括漆桥老街、三美头巷、娘娘巷等，另有古井、古树等文物古迹。

区位图

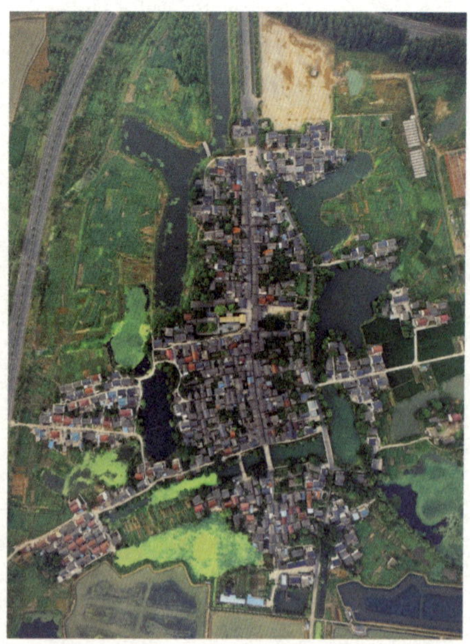
村落布局俯视图

一、自然环境

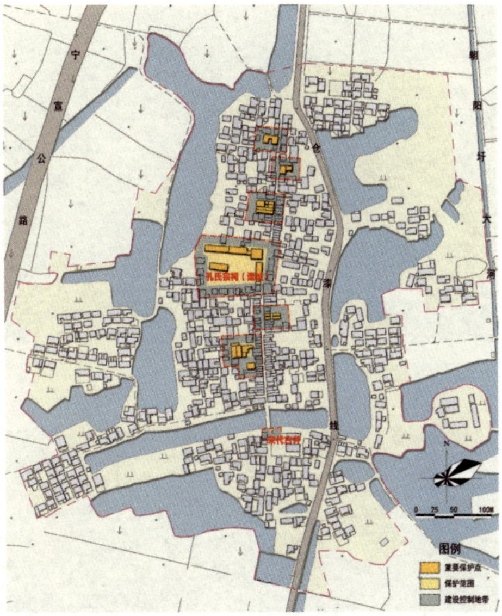

村落主要传统建筑

漆桥村所属的南京市高淳区位于苏皖两省的交界处。高淳境内地势东高西低，依山傍水，东部低山丘陵为茅山、天目山余脉，呈东北—西南走向延伸，山势平缓，是太湖水系与水阳江、青弋江水系的分水岭。西部为固城、石臼、丹阳等湖的湖积平原，地势低平，河流、沟渠纵横交错，漆桥古村落东侧即为朝阳圩大河，整个村四面环水，且水系连通，共同构筑了优质的水环境，村落就建在河谷平原圩区，海拔在 10 米以下，属于平原风貌，建筑与地貌特征良好结合。在气候上，高淳属于北亚热带和中亚热带过渡的季风气候区，四季分明，雨量充沛，年平均降水量 1157 毫米，光照充足，年平均气温 15.9℃。高淳不属于地震带，历史上没有造成灾害性的地震记录。

二、历史传承

据传漆桥建村于西汉元始初年（1~5 年），宰相平当父子为避王莽之乱自长安迁居于此，为便利南北交通，在发源于溧水山区、西入固城湖的河道（即今漆桥河，高淳两大史前河流之一）上建造丹漆木桥，村庄、河道均因桥而得名“漆桥”。《高淳县志》记载“汉丞相平当值孝平之季，知有王莽之乱，乃避地溧阳、丹徒间，转徙平陵游子山之麓，去银林三十里，卜室居焉。地滨河，故苦褰涉，当因构木为桥，施以丹漆，此漆桥之所由来也。”宋德祐年间（1326 年）孔氏五十四代孙孔文昱迁来此地，在漆桥繁衍生息，至今已达八十四世左右，祖祖辈辈，繁衍子孙已达三十世，在附近各村有 2 万多人，现为仅次于山东曲阜的孔子后裔集中居住地。

街北鸟瞰图

街南鸟瞰图

三、村落形态

历史上漆桥为临水埠岸集市贸易而形成的市镇，街南北向横跨漆桥河道，闹市繁华处集中在漆桥附近，以往商户在河边用木柱搭起了“水榭”式建筑。村落四面环水，水系相通，自古承担着保护作用，村中各建筑有机布局，依地势、水系而建。建筑布局前店后宅，上下两层，数进纵深百余米，保存完好。大街小巷，有青石路面一线天、“小巷深处有人家”的古朴幽雅意境。

1. 街巷空间格局

漆桥老街形成于1628年，全长500米，东、南、西三面环水，外围纵长1000余米，如今街道风貌完整。主街弧型延伸，巷道对称，整个平面布局类似蜈蚣之型。今老街区建筑为砖木结构，抬头观望，屋檐外挑，对门间宽不足1米，单体建筑三开间，两侧部分以木板作墙，临街门面仍保留了木板矮墙。二层临街设骑楼、花窗。布局前店后宅，上下两层，数进纵深百余米。深入里弄探首凝望，不少老式住宅的面墙，仍保留了砖砌对称气流通风窗，俗称“眉高眼低”；富户人家门位砌厚墙，外有门罩，内设“门池”和防盗撑门杠龛，这类明代造型，作为江南古民居风格已稀有难觅。漆桥老街布局建造有二十条巷道，这些巷道都很对称，主要是用作防火通道和居民出入。它们的名称是娘娘巷、六家头巷、土地巷、八家头巷、漕坊巷、金圣巷、财神巷、三代巷（三美头巷）、迎六公巷、者家巷、坟前巷、大墙门巷、张家巷、祠堂巷、香店巷、八代巷、商元巷、井头巷、牌坊巷、五家头巷。

2. 重要建筑物

漆桥村现存的建筑遗产非常丰富，共有元、明、清、民国时期的各类建筑遗存、传统院落 253 处，占地面积约 8.8 公顷，其中祠堂建筑有孔氏宗祠（遗址），重要院落有迎六公公堂、庆湖院落、汪家院落（遗址）、庆山油坊，其他建筑遗址有北关门、南关门、平丞相府、贞节牌坊、大墙门等，商业建筑主要集中在漆桥老街，有商铺、豆腐制作、打铁等传统工艺；另外还有宋代古井、古树等文物古迹。漆桥村保存了相对完整的、真实的历史遗存，同时附带了大量的历史文化信息，体现了较高的文化水准，反映了当时文化的辉煌，见证了明清时期该地区的生活方式和文化特色，有较高的历史价值、艺术价值和科学价值。

孔氏宗祠（遗址）。宗祠是同族人祭祖先、绅缙老人聚议本族事务的场所。中华人民共和国成立前，漆桥地区各姓宗祠计有 24 幢，分布在 23 个自然村。这些宗祠除孔氏宗祠有较大规模的建筑群外，其余大都为前后两进，每进 3 大间，中间一个大天井，一般占地面积 300 多平方米。孔氏宗祠极大部分于 20 世纪 40 年代毁于战火。其他各姓宗祠均于中华人民共和国成立后拆建学校，或作生产队队屋或调作他用。孔氏宗祠位于漆桥镇中部，建于公元 1667 年，占地 6210 平方米，把整个漆桥街拦腰切断，分为南北两部分。宗祠大门朝东，门楣上方高悬红底金

乾隆《漆桥孔氏宗谱》之宗祠

村落街道

临街传统建筑俯视

字“至圣家庙”横匾。它在高淳邢、孔、赵、李四大宗祠中享有“孔大公祠”之美称。

该祠建有“大成殿”、“南厅”、“北厅”、“祖先堂”和戏楼。“大成殿”占地面积200多平方米,高约12米,走廊正中上方高悬红底金字“大成殿”横匾;殿内南北各有两根直径1米的红漆圆柱，顶着两根花驼梁；南北山墙全部是朱漆板壁；地面全以0.75米见方青砖铺墁；正中上方立有四五米高的3块蓝底金字的牌位（中间孔子、南侧伯鱼、北侧子思），孔子牌位前上方悬挂蓝底金字“万世师表”横匾。大殿前后均装有屏门（后为暗屏,两旁可通南厅、北厅);殿前天井全部用青石铺墁，三面高墙亦均以正方形青砖砌成。朝东一堵墙，开有3个门，中间门头有一幅青砖浮雕，为双龙戏珠、狮子滚绣球等画面，并在浮雕下刻有“世袭重熙”四字，刀法精巧，富有江南民间建筑的艺术特色。南厅、北厅和祖先堂都装有祖宗合龛；龛内板壁上贴着用毛笔写成的、并按世代排列的祖宗姓名。祖先堂楼上下，挂满了横匾，如“贡元”、“急公好义”等，约有80余块。戏楼紧靠“大成殿”背后，是砖木结构殿宇式建筑，戏台上方

老街车辙

保安井

保平井

全部安装了天花板，彩绘飞禽走兽和各种花卉，栩栩如生；台下分南北各立2个柏树墩，中为广场，连祖先堂走廊可容观众四五千人。

至于其他地方有何作用，孔氏祖先也早有安排，如“崇礼堂”是用以执行宗法族规的地方；“崇圣殿”装有合龛，供奉着孔子五代祖先牌位（中间蓝底金字），框边刻有金龙浮雕。“宝盈”是挂孔子画像之处，也是供绅缙老人平时议事和休息最为理想之地。前有桂花树墩，后有大院，环境幽雅。节孝祠是个又矮又小的地方，阴暗潮湿，霉气很浓，平时很少有人去。

漆桥。漆桥河发源于栗山，流往固城湖。传说很久以前，在现今龙墩水库上游的里溪村，有一姓虞的妇女，因喝了带红丝的屋檐水而生下一条“五色蛇”，婆婆令其砍死，结果一刀下去，砍断蛇尾，蛇化龙形，负痛而去，但又难舍亲娘，于是它边逃边回头，形成一条弯弯曲曲的河道，俗称“二十四个望娘湾”。西汉后期，这条河上建了一座木桥，因桥身涂以丹漆而得名：漆桥。漆桥河与漆桥镇都因这座桥而得名。

漆桥约建于西汉末年，即公元初年。旧县志记载：该桥为西汉丞相平当所建。平当，平陵（今咸阳市西北）人，精通水利，曾治理过黄河（见《辞源》）。

漆桥

汉哀帝时官至丞相，与大司马、大司空并称“三公”。当时，外戚王莽占据了大司马职位，掌管着全国军权。他为了扩大自己的权势，废去大司空，又排挤平当。所以，平当虽为丞相，实则无权。朝政大事全由王莽一人说了算。当平当看出王莽即将篡夺皇位时，怕自己受害，就逃离汉都长安，一直辗转至江南。最后在游子山北麓的漆桥一带隐居下来。

平当居址在现今漆桥老街西边的后街，紧靠漆桥河北岸，被后人称为“平家池”。漆桥一带是山区与圩区的交界地，处古丹阳大泽边缘。低处原先为沼泽地，后演变为沃野。但因地势低洼，古时很少有人在此垦殖。平当隐居下来后为解决衣食，就根据地形和水势，修筑了一个约二三十亩的小圩，叫平家圩。自此，人们纷纷仿效，使漆桥一带形成一处处圩田，扩大了种植面积。平家圩后来被联并为陈家圩，现今则属于朝阳圩。西汉时，溧阳县治固城已出现“圩市”，即市集，它是集镇的前身。从北面去赶集的人，需要经过漆桥河。为此，

民居陈设

民居大门

豆腐坊

传统特产豆腐干

杂货铺

竹蔑店

平当倡议在河上架桥。当时，高淳一带只有用木材铺设的简易桥，称“独木桥”。而漆桥河宽 10 米左右，上游流域有 50 平方公里的来水量，汛期水流湍急，建独木桥当然不行。平当懂得造桥之道，据说他亲自勘察建桥方位，亲自设计图样和指导施工，从而使一座长约三丈、宽约一丈的木桥横跨于河面。木桥既美观又坚固，牛车、马车都可平稳通过。那时，油漆工艺已较普遍，并出现金银漆器。为使桥身免遭风雨侵蚀，平当将整座桥用油漆涂抹，因而叫“漆桥”（见民国七年《高淳县志》）。这座桥后来被石桥所代替，地点在漆桥老街南。

宋代古井。在“漆桥”的青石桥南 5 米处，有一口直径 1 米左右的古井，名保平井，在井圈上有“大宋南迁”、“孔氏”等字样，即为宋代的漆桥古井。这样的老井，有两口，一南一北布置在漆桥的两端，北街尽头巷处的井名保安井。保平井和保安井，为“南北平安”之意。以前，老街上的居民用水直接到几步之遥的河里取，但是干旱时河水枯竭，或者是汛期河水猛涨混浊，居民们就用古井里的水。当然因为当地均为木构建筑，古井自然也担负着灭火的功能。

平丞相府与平当石像。平丞相府：西汉丞相平当，为避王莽之乱，逃离京城长安，隐居漆桥老街西侧，在这里他曾建造了一座庄园（后人称平丞相府），这里依山傍水，土地肥沃，是居家创业的好地方。平当把他的庄园建在一条山河旁边，河水清澈，饮用灌溉都很方便。该庄园长 200 米。平当石像：后人为纪念西汉丞相平当在漆桥村建桥筑圩的业绩，还专门为他刻凿了一尊高 1.5 米的全身石像，栩栩如生。原先立在漆桥老街东边的安墩头上，面朝着西边的平当旧宅。1971 年，漆桥加工厂在建面粉车间时埋入房基的西南角下。如今，漆桥村人民又按当时平当石像的原貌，重新雕刻了一座崭新的平当石像。

南北两关门。漆桥在过去建有进出的关卡城楼，城楼是古宁驿道的必经要塞关卡，人们俗称南、北关卡城楼为“南关门、北关门”。

四、民俗文化

漆桥老街庙会。明清以来，该庙会在古柏祠神渡杨泗庙举行。由于 1954 年发大水，古柏祠渡圩堤决口，无法举行，所以，就迁至漆桥老街举行。随着时代的发展，该庙会已逐步成为当地群众进行农副产品和商家进行商品交流的贸易集会，外地商贾都纷纷赶来经销商品，客商成千上万，人山人海，人们形容人多得要推背走路。

舞龙灯。每年春节期间，为了增添节目欢乐的气氛，漆桥村都要举行龙灯活动，龙灯由“青龙”、“黄龙”两队组成，走村串巷为广大村民表演。龙身每条长约60米，每节龙由20至30人更替抬舞。

划龙舟。比赛时间在农历六月初六，因为这里是圩区，汛期一般要过六月初六。俗话说：“六月六，水头白。”到了六月初六，水势已定，因此原用于防汛的“划船”，就重新改作为“龙舟”，六月初六这一天，集中在漆桥老河进行龙舟比赛。事先还将奖品用箩筐吊在漆桥桥身的石拱下面，哪一组先到，就将奖品拿走。漆桥村划龙舟自明清以来，一直延续到20世纪60年代。

蚌精舞。是由漆桥水乡所传“渔哥遇蚌精”的故事构成的肢体表演舞蹈。它欢快奇趣，为人们所喜闻乐见。舞蹈从渔翁捕捞蚌精展开，主要表演者有渔翁、蚌精、渔哥三人。蚌精背负一竹编糊布彩绘的大蚌壳，张开时能活动自如，闭合时能隐身壳中。

房屋上梁仪式。过去农村建房都采用砖木结构，一般是四排柱子，每排五木落地和七木落地不等，一排柱子称为“排身”，竖排身称为“献架”。上梁就是在献架之后架上梁头，专把上层架正中的一根大梁。在整个建房过程中，上梁仪式最为隆重。上梁时，亲朋好友都来祝贺，其中，女儿、姐妹、娘家

人的礼物较重。上梁也是主家对匠人及小工的一种酬谢方式。上梁前，两边柱子上贴上红纸对联“竖柱欣逢黄道日，上梁正遇紫薇星”；正梁上写上“文昌到宫”、“紫薇高照”、“紫气东来”；正间挂紫薇星或姜太公图，姜太公号正熊，因而漆桥民间有“正熊镇宅”之说。上梁前还把供桌放在堂间，由家族中年长者敬香，以保“平安吉祥”。泥匠、木匠分别把红绿彩而钉在正梁上（按红东绿西序），并唱“上梁挂而歌”。上梁时辰一般在上午 10 点到 11 点之间，击打正梁用的木槌，叫发槌，共有八角，意思为“大发”。接下来，把上梁团子、馒头、糕、糖果、花生等吊上放好，由泥匠、木匠在正堂间进行递酒仪式，同时高唱“上梁递酒歌”。这时鞭炮齐鸣，引来众家乡亲争抢团子，其意思是引齐十二属相，大吉大利。“登梯”完毕，进行“起梁”。木匠、泥匠用绳子将正梁拉上去，边拉边唱“起歌歌”。正梁登位后，泥匠、木匠用发槌击打正梁，俗称“上梁十敲”，并边打边唱。正梁上好后，泥匠、木匠将团子等抛撒四方，边撒边唱“上梁歌”。此时，鞭炮齐鸣，人群争抢团子，场面十分热闹。当木匠撒出木料刨花时，说明团子已撒完。刨花满天飞，意思是“主家爆发”、“大家齐发”。

沙涨

3. 沙涨

沙涨村位于今常州市溧阳市溧城镇，区内坐落着沙河、大溪两座国家级大型水库，素有“江南明珠”之称的天目湖距离沙涨村仅20公里。

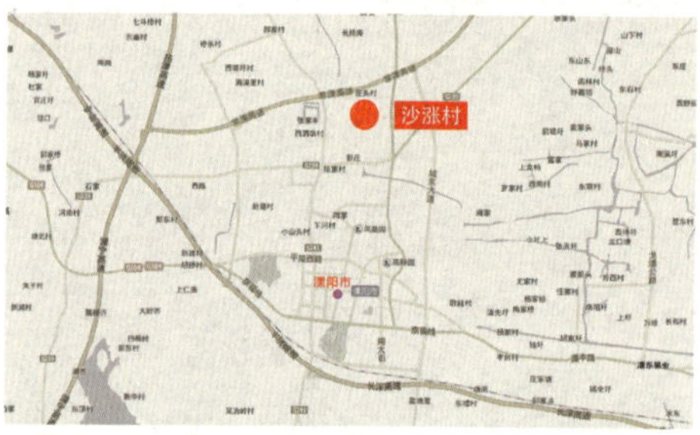

区位图

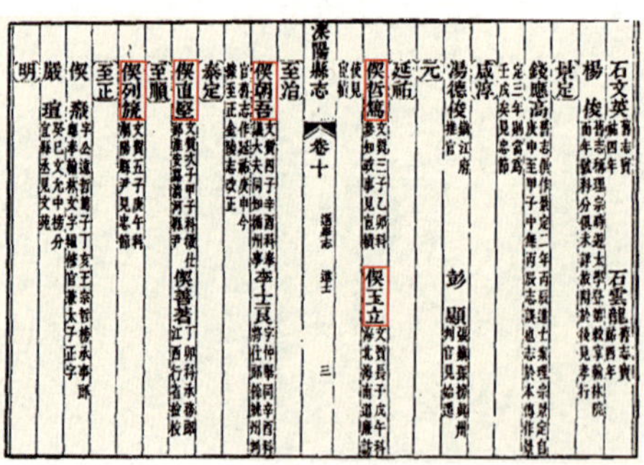

《嘉庆溧阳县志》偰氏“一门五进士”的记载

一、自然环境

沙涨村东临护城河，西至溧金河，北至畦家河，沙涨河自东向西穿村而过，村庄占地面积67.5亩。溧阳境内有低山、丘陵、平原圩区等多种地貌类型，地势南、西、北三面较高，腹部与东部较平。南部为低山区，山势较为陡峭；西北部为丘陵区，岗峦起伏连绵；腹部自西向东地势平坦，为平原圩区。溧阳属太湖水系，位于太湖湖西水网区，境内河网纵横，库塘星罗棋布。溧阳有水域面积42.6万亩。干河主要有南河、中河、北河、丹金溧漕河、溧戴河、竹箦河、赵村河。至今，溧金河与沙涨河依旧碧波粼粼，而护城河、畦家河则仅留存部分河段遗址。

溧阳属北亚热带季风气候，干湿冷暖，四季分明。年平均气温15.5℃，月平均气温一月份2.7℃，七月份28.1℃。全年无霜期250天，降水量1152.1毫米，日照时间1992.5小时，常年主导风向为东风。

二、历史传承

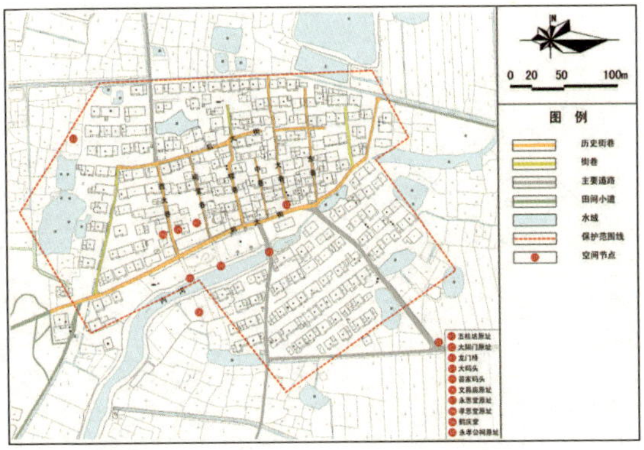

村落空间格局图

沙涨村始建于元代，距今已有700年历史，是全球“偰”姓的发源地。偰姓、偰氏家族，乃至沙涨村的历史，可以追溯到唐代。新疆吐鲁番盆地，居住着一个由蒙古高原迁入的古老民族回纥族，即今维吾尔族，这个部族，在唐代走出了一位深明大义的英雄——暾欲谷。暾欲谷是回纥族突厥部可汗的大臣，与可汗是儿女亲家。暾欲谷深得可汗信任，被任命为回纥宰相。暾欲谷出嫁的女儿也是一位巾帼女杰，曾在族中大乱之际，率众归唐，唐玄宗赏赐并封为宾国夫人。

唐中叶，安禄山、史思明发动叛乱，史称“安史之乱”。回纥族受到朝廷召唤助国讨贼，“深沉有谋，老而有智”的暾欲谷，率领族内精兵强将，征战沙场，有力地支持唐军平定了安史之乱，受到唐王朝的册封。回纥族三换可汗，暾欲谷屡次为相，直至120岁寿终。

暾欲谷的子孙们继承他精忠报国的遗志，在国家民族统一大业中屡立战功，显示出卓越的政治和军事才能。他的子孙克直普尔、岳弼、亚思弼、撒吉思等，在国家危难之时，代建奇勋，皆为国相。子孙仳俚伽普华勇杀叛敌，偕众归附蒙古帝国，年十六，世袭国相。子孙岳璘帖穆尔随从成吉思汗、忽必烈征讨山西、陕西、宁夏一带，战功赫赫，深受重用，升为“大断事官”。

合剌普华是暾欲谷的后代子孙，也是元军中深谋远虑的勇将，伐宋时，他主粮饷之供，领兵五千，所向披靡。1284年，他率部至广东，在道中遇剧盗，为国殉难，时年三十九，官至嘉议大夫、广东道都转运盐使。合剌普华殉难后，1318年，赠通议大夫、户部尚书，追封高昌郡侯。1334年，加号“守忠全节功臣”，谥号“忠愍”。合剌普华死后，曾葬于山东。合剌普华生二子。长子为广德太守，官至通议大夫、副都元帅，他在溧阳沙涨村购置土地，把父亲合剌普华的墓从山东迁到溧阳。为了纪念祖居地漠北高原上的偰辇河，他以河名首字为姓，改自己的姓名为“偰文质”。从此，子孙们世世代代延用这个姓氏，直到今天。

村落俯视图

村落局部鸟瞰图

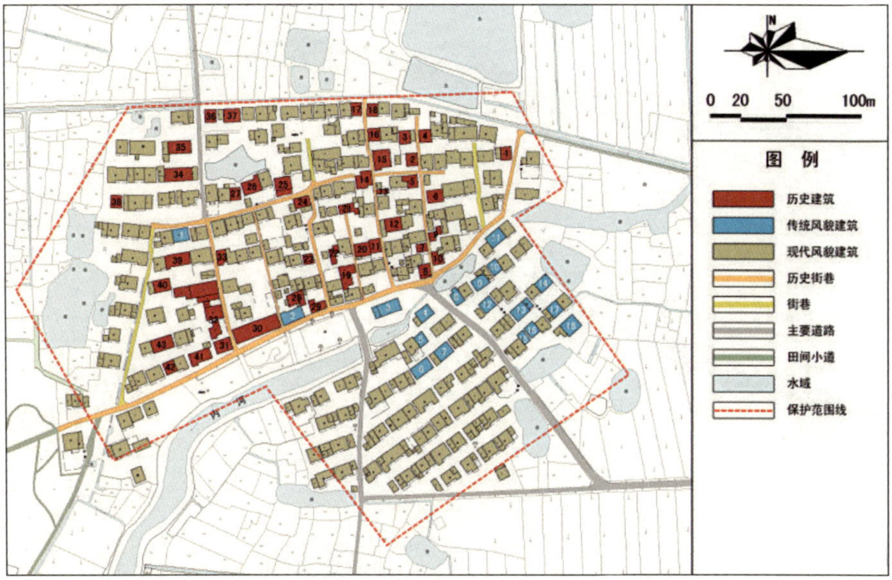

传统建筑分布图

传统民居

建筑细部

村落鸟瞰图

传统民居梁架做法

墙砖做法

20 世纪 80 年代，在沙涨村发现的墓志铭，就是偰文质亲自为父亲合剌普华刻造的。自元统三年（1335 年）偰文质将其父合剌普华迁葬于沙涨以来，已有近 700 年历史。

三、村落形态

沙涨村传统街巷主要分布于沙涨河北岸，河南岸为 20 世纪 60 年代以后扩建，历史传统风貌较好。北岸传统街巷呈现“六巷二街”纵横交错的格局形态，纵向由东向西依次为东巷、大巷、中巷、楼巷、祠堂巷、普家巷，横向由南向北依次为前大街、后大街。街巷原为青石板路，后因村庄改造被水泥路取代。

自东巷与前大街交接处向东南，为沙涨村主要出村之路，村口左向即为五桂坊旧址。由村东口入村即为前大街，前大街与大巷交会处即大阳门旧址，由此转入大阳门则可入大巷，直至村后大街。由中巷向南经龙门桥原为沙涨村通往溧阳城的小路,途经中段村。前大街南侧为内河,原有码头多座,对岸建有文昌庙，庙前有文昌阁，现已湮没。前大街向西至祠堂巷有今沙涨村大会堂，其后为偰普两氏祠堂旧址，即偰氏之永思堂及普氏之孝思堂。过祠堂巷入西大巷，今沙涨村老年活动中心之后为普氏鹤庆堂，过鹤庆堂至村后大街，由后大街向西沿小路可至偰普两氏永孝公祠旧址。西大巷北侧尽端为沙涨村西北出口，向北通往新基村。

传统民居门楼

沙涨村整体呈现“古水、古村、古墓、古树”的风貌特色。古水，即沙涨村四周为护城河、沙涨河、溧金河、眭家河等历史河流环绕。古村，即沙涨村历史悠久，自元至治年间（1321~1323年）始建村基以来，已有近700年的历史，其历史建筑风貌清幽古朴，传统街巷形态完整、风貌连续。古墓，即沙涨村因墓建村，居住区与墓葬区毗邻，村西原有偰普两氏大坟，今独存偰家大坟。古树，即村中分布有各种大小古树名木，仅百年以上古树就有8棵，同时村内还有众多绿化林木，同样构成碧水环流、生态宜居的美丽乡村。

四、民俗文化

蒋塘马灯。是溧阳市国家级非物质文化遗产，沙涨村的跳马灯内容更加丰富，有多达十种开场形式（所谓“十开场”）。跳马灯是全村集体活动，每年腊月即开始组织练习，农历正月初二进行表演活动，直至正月十八结束（当日“杀马”）。

泓口丝弦。泓口村临近沙涨村，泓口丝弦入选江苏省第二批非物质文化遗产名录（2009年），在沙涨村也广为流传，每逢庙会节庆喜日，乐班化妆扎彩亮灯，或坐茶肆祠堂，或走村串巷演奏，观者云集追随，热闹非凡。

杨桥

4. 杨桥

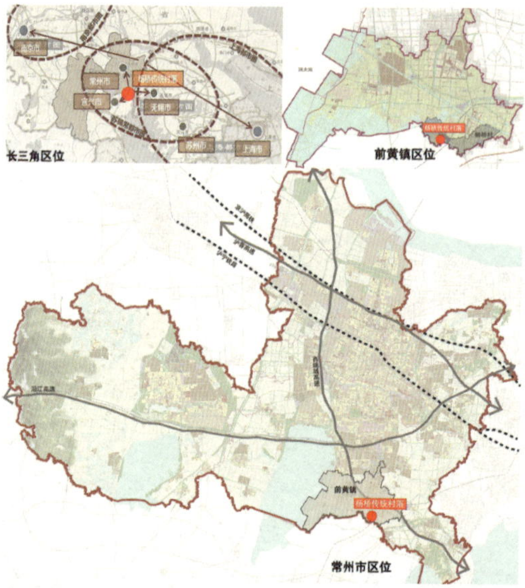

杨桥村区域位置

村落俯视图

杨桥村位于常州市武进区漕桥镇的最南端，西南面与宜兴市接壤，西北面与前黄镇相临，北临谭庄村，东北、东南分别与善塘村和新康村相接，东西分别通达太湖和滆湖。村域总面积为 4.1 平方公里。

一、自然环境

杨桥村境内无山、地势平坦，河流纵横、沟塘密布。村域内大部分用地为农村居住用地、农林用地和水域。主要以农田种植为主，在村庄西侧河塘附近有蔬菜种植基地，杨桥自然村南侧种植桃树林，常漕公路东侧有大棚种植基地。境内水网密布，村庄外围主要河道有西侧的锡溧漕河和北侧的太滆运河。村庄内部河流主要有杨桥浜、张仙浜、朱家浜、太平浜等。村庄西侧有大片水塘。杨桥传统村落依水而建、傍水而造，与水系河道相依相生，周边田园生态绿化空间又成为村落的绿色屏障，呈现出田园、水系、村落交融一体的空间环境特色，充分体现了人与自然的和谐统一。

杨桥村四季分明，属亚热带海洋性气候，全年气候温暖湿润，雨水充沛。春夏多为偏南风，秋冬为偏北风。全年平均气温 15.4℃，历史最高温度 39.4℃，最低温度 -15.5℃。历史最高水位 4.7 米，最低水位 2.4 米。

二、历史传承

杨桥村始建于南宋，兴于元明，鼎盛于清末民国初，距今已有 800 年左右的历史。相传，宋朝高宗建炎四年（1130 年）出生的伟大思想家、理学家、教育家朱熹，其子孙中有名朱慥者，知识广博，受当时徽商的影响，走上经商之路。朱慥走南闯北，曾经到过浙江和江苏丹阳、武进等地。一次，他途经南杨桥现太平庵址时，认定南杨桥是一块金钩扎月的风水宝地，就落脚此处发展。后又有常州的唐姓、苏州的徐姓以及蒋、刘、华姓等商界人士迁居在此，共同开发。为了便利街市的南北交流，当地人就把现在“南杨桥”坐落地的一棵几抱粗的大杨树砍下来，建成一座杨树木桥，故称“杨桥”，进而把整个街市也称为“杨桥”。明朝年间，杨桥由木桥改建为环洞桥，由于此处地处武进最南面，又与宜兴接壤，因此被称为“南杨桥”。

杨桥村从最初的集镇聚落发展为后期的繁华重镇，其空间发展演变与“水”有着密切的关系，杨桥村因水而生，依水而建。太平天国之后，社会上开始出

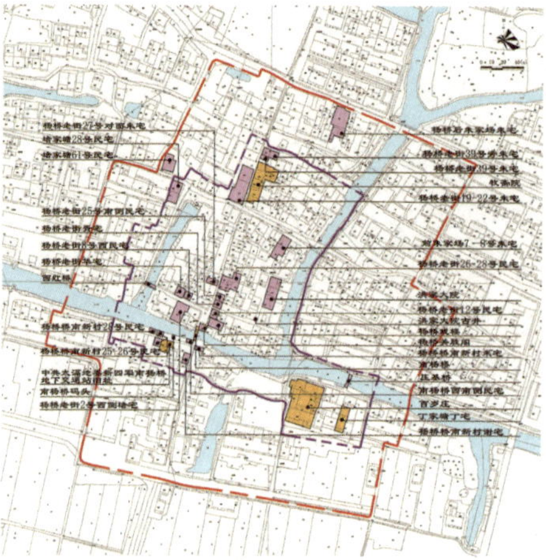

传统建筑分布

主要街道

现枪支，给居民和商家带来了不稳定因素。为了维持杨桥安宁，当时南杨桥一家规模较大的当店联合其他商家，在街路的东南西北端建造四个巷门，晚上关闭，作为街镇的屏障。中华人民共和国成立以后，天下太平，四巷门失去作用，后被拆除。巷门在一段时期内成为杨桥街巷的标志性元素。

三、村落形态

1. 街巷空间格局

杨桥村水网交织、石桥处处，布局灵活，空间丰富，主要街巷的走向、院落的排布都与水系有着密切的联系，建筑、街巷、河道有序布局。村内张仙浜、观音浜、朱家浜形成了双丁字形水体构架，内河道以贯穿古村区东西的张仙浜为“脊椎”，向北分出两条支流，最后汇入朱家浜流入太滆运河。街巷体系以杨桥南街－杨桥北街为骨架，呈鱼骨状往外衍生出数条东西街巷：

村落局部鸟瞰

桥南西街、桥北西街、杨桥东街、太平庵街等，形成南北向鱼骨形主要街巷体系，街巷顺应河道布置，构成主路－支路－小巷的多级网络系统。东西向与南北向街巷的交汇处形成开敞的街头公共空间。杨桥村沿河网布局，因河成市，因市成街。张仙浜、朱家浜、观音浜三条水系三面环绕杨桥老街，五条主要街巷与市河平行或垂直布置，四座古桥跨河而过连接内外，形成棋盘式的布局骨架。整个杨桥村呈现出“三浜四桥环五街”的传统空间格局，较为完整地反映了杨桥村空间发展与水系相辅相成的关系，保留了江南水乡独特的空间格局。

杨桥村有四处重要的公共空间，分别是关圣阁前、太平庵前和村庄东入口、南入口。关圣阁前位于杨桥北街、南街、西街和东街的交汇处。在旧时关圣阁香火旺盛，其建筑东、西、北三面着陆，南面是河，阁下有埠头和大河相通，是南杨桥旁船只停泊、乘客上下码头的地方。从古至今一直是杨桥村的核心公共空间。

杨桥村具有典型的江南水乡特色风貌，河道穿村而过，建筑依水成街，呈现出“小桥流水人家”的江南风光。水系把古街、古巷、古宅、古桥连接在一起，以“悠长的古水道、深幽的街巷、傍水而建的古屋、历史悠久的石桥”为特征，展现了一幅“诗意江南，水墨杨桥”的画卷。

2. 建筑特征

（1）形式特征：杨桥村的传统建筑在单体上以木构的一至两层厅堂式的建造模式为主，为适应江南气候的特点，建筑布局大多为天井、院落，构造为瓦顶空斗墙、观音兜山墙或马头墙，形成了高低错落的建筑群体风貌。

传统街巷

传统街巷

村落河道

结构：以传统的硬山式样为主，多为穿斗与抬梁混合式构架。一般中部的构架（正贴）为抬梁式，山面的构架（边贴）为穿斗式。基础采用石材，墙体一般采用空斗墙。

高度：层数一般以一至两层为主。

色彩：建筑风格多为黛瓦粉墙式，相对朴素。

用材：一般主要结构采用木结构，围护结构采用砖结构。

布局：建筑以院落式为主，主轴多垂直于主街或水道，并纵向延伸。因此建筑也向纵向展开。一般其开间都较小，以三间、五间为多，多者也有七间者。纵向则一进至多进，有的还有内花园。

（2）功能特征：杨桥村内传统建筑使用功能主要为居住功能和商业功能。

居住建筑一般以一至二层为主，院落空间布局强调安静安详的生活气息，以传统样式为主。

商业建筑一般最大程度利用占地，布局紧凑，沿街商业建筑多为二层，呈

南杨桥

关圣阁

太平庵

牧斋院

现一派欣欣向荣的景象。

（3）类型特征：传统建筑从类型上可以分为沿河建筑和沿街建筑。

沿河建筑体量不大，空间尺度宜人，建筑类型丰富。特别是临河建筑，体现了江南水乡特有的风格，私家河埠头鳞次栉比。

沿街建筑以局部二层砖木结构为主，前店后宅，前店后坊为主要特点。

3. 主要建筑物

牧斋院。位于武进前黄镇漕桥杨桥村老街 38 号，是南宋理学家朱熹的后裔朱牧斋的宅院。牧斋院今存建筑三进，硬山造砖木结构，占地约 500 平方米，为清晚期建筑。第一进为门楼，大门为老式排门，门楼朝天井部分砖雕已毁，天井东南角尚存一井；第二进为三开间大厅，较破败；第三进为三开间清式二层小楼，雕花长窗保存较好。牧斋院建筑规模、形制保存完整，为典型的江南民宅院落。牧斋院主人朱牧斋为晚清秀才，地方上的名人。其子孙朱彦彬 1927 年师从孟河名医巢渭芳学习中医，学成后在杨桥开业行医，1949 年加入中国共产党，历任杨桥乡乡长，武进县人民医院院长，武进县人大常委会委员、副主任等职。1980年被列为江苏省名老中医，著有《中医学漫话》。

杨桥槽坊

丁家塘丁宅。位于武进区前黄镇漕桥杨桥村丁家塘，坐北朝南，砖木结构，建于晚清。由两进三开间和一个天井组成，地面多为青石和方砖，古朴雅静，有小转盘楼。丁家塘丁宅地理环境优越，门前溪水长流，绿树掩映，鸟语花香，一派江南小桥流水人家景象，是常州保存较好的江南民居之一，体现了常州先民的居住理念和生活轨迹，是常州乡土建筑的代表，是南杨桥古村的重要组成部分。

救火会馆、地下交通站遗址

百岁庄。坐落于武进区前黄镇漕桥杨桥村丁家塘10号，建于1915年，当时是一座有相当规模的庄园。庄园在杨桥村张仙浜南，坐北朝南，砖木结构，第一进8间楼房，现存4间，长窗和屋架保存完好，地面铺以青砖条石，古朴幽深；中间两旁各有6间侧厢；第二进原有8间平房，现已改建。现存房屋东西宽28.8米，南北长43米。百岁庄是朱熹的后代子孙朱龙川建造，朱龙川为纪念其祖母活到108岁，便把这座庄园称为“百岁庄”。朱龙川，家有砻坊、医院、木行；曾担任过杨桥乡乡长，是武进杨桥小学创办人之一。朱龙川孝敬祖母的孝行感动了社会各界，一时士绅、亲邻纷纷为朱龙川的祖母长寿祝贺，并题了不少楹联，可惜后来全部散失。百岁庄环境清幽，溪水环绕，绿树掩映，是风景优美的江南民居。

传统民居

新四军地下交通站旧址。抗日战争时期，南杨桥是共产党、新四军太滆根据地的重要窗口，中共太滆地委所在地设在杨桥南四里处的邵家祠堂，日寇和汪伪为切断共产党、新四军太滆根据地的南北交通线，在20世纪40年代搞了

传统民居

所谓“清乡”，在滆湖—太湖构筑了一条封锁篱笆墙，在杨桥南建有碉堡营盘，为此，中共太滆地委新四军在南杨桥西街设立了地下交通站。中共太滆地委新四军南杨桥地下交通站旧址位于武进区前黄镇漕桥南杨桥堍，为一座两间相连的普通砖木结构民居，硬山造，存二进，第一进开间 6 米，第二进有阁楼。这里原是一家铁匠铺，住户戴荣坤是共产党员，他以作铁匠为掩护，担负抗击日寇的新四军地下交通站联络员的重任。

南杨桥。原名杨桥，当地群众俗称为“月亮桥”，连接杨桥老街的南街与北街。南杨桥始建于明，清康熙四十九年（1710 年）重修，清道光八年（1828 年）再次重修。桥北东侧桥栏处树有《重建杨桥碑记》，详细记载了清道光年间里人共同筹资修建桥梁的经过。南杨桥为金山石质，纵联分节并列砌法，单拱环洞桥，全长 14.4 米，桥宽 2.72 米，环洞直径为 5.05 米，南、北二侧分别各有 11 级和 15 级石阶，拱圈上方两侧各有桥耳一对，桥栏中央两侧刻有楷书“南杨桥”3 字，此桥曾是连接阳湖、宜兴两县之间的重要通道，南北向横架于河上，桥下的河浜东通太湖，西接滆湖。2008 年 2 月公布为常州市文物保护单位。

四、民俗文化

锡剧。是常锡剧的简称，常州是锡剧的主要诞生地，迄今已有二百多年的历史。锡剧生成早期叫“滩簧”，常州滩簧是吴语滩簧的一支。它源于常州农村水乡，是清代乾隆年间盛行于常州府治地的一种地方戏曲。常州滩簧是在常州山歌小调、宣卷、唱春、南词等基础上，吸收了凤阳花鼓的一些表演元素以及苏南一带采茶灯中的舞蹈而逐渐发展完善起来的。而杨桥当地流传的多出传统戏剧均属于锡剧派系，是常州锡剧的重要组成部分。

调犟牛。耕牛是中国几千年来传统农作的主要工具，也是人类忠实的合作伙伴。农民为了能让耕牛听从使唤，发挥作用，造福人类，每年开春时节，都要对牛调教一番。武进杨桥地区的农民根据耕牛平时的生活习性，劳作形象和对犟牛的调教方式创编了一套模拟动作，也由此生成了调犟牛这一民俗舞蹈。该舞蹈既有趣味性，又有思想性，具有很高的艺术观赏价值、历史研究价值和文化传承价值。相传，大清乾隆皇帝第三次下江南途中路过杨桥，在太平庵门前广场上看过调犟牛表演后，连连拍手叫好，称其为“江南一奇”、“杨桥一绝”。之后，该民俗舞蹈在杨桥及周边地区广为流传，至今已有三百余年历史。

捻纸。中国纸艺中的一个门类，起始于汉代，明朝中叶最为繁盛，至今已有六百多年历史。捻纸，顾名思义是以纸为原材料，用手捻成各种工艺品，供观赏、祭祀和避邪所用，其题材广泛，工艺精湛，可称“天下一绝”。杨桥捻纸作品内容十分丰富，有生产习俗类的，如“三十六行”、“打渔人家”等，有民间故事类的,如“西厢记”、“红楼梦”等;有生活习俗类的,如“十二生肖”、“福、禄、寿、喜”字画等；捻纸作品色彩鲜艳，构图新颖，洋溢着浓郁的乡土气息和地方特色，在纸艺制品中独树一帜，具有很高的艺术审美价值、实用价值和历史文化研究价值。

掮轮车(又名云车舞)。起源于隋代,为纪念常州人陈杲仁而产生。陈杲仁，曾在朝内任监察御史，为平定浙东义军，立下汗马功劳。在攻打南京时，因城墙高而坚实，难以取胜，陈杲仁设法制作云车，让战士登高作战，最后攻下了南京城。为庆贺攻城胜利，军中将士效仿作战时的情形，在云车上手舞足蹈，高呼口号，欢庆胜利，祈求太平，“云车舞”也由此得名。陈杲仁便成了常武及周边地区庙宇普遍供奉的武烈帝，一直受朝廷封赐。掮轮车表演历经唐、宋、元、明、清，至今仍是庙会活动及民间艺术表演中深受观众喜爱的项目。掮轮车是集传统体育、杂技、武术于一体的综合性表演项目，是武进地区独特的非物质文化遗产，具有很高的历史研究价值和艺术欣赏价值。

庙会。我国地方乡土民俗的一种特殊形式。庙会，亦称庙市，一般在寺庙节日或规定日期举行。庙会包含两大因素：一是配有市集商贸活动。各地举行庙会期间，市肆林立，游人如织，一派节日景象。为此，常州民间把赴庙会称为赶节场；二是庙会的由来与附近寺庙的祭祀活动有关。据考，武进杨桥庙会生成于宋代，盛于明清。相传，每年阴历二月初九是城隍老爷走舅家的日子，每逢二月初九，在杨桥太平庵内外隆重举行庙会，这一习俗延续至今已有九百多年的历史。杨桥庙会是一种集民俗文化、宗教文化、传统艺术、社会文化于一体的大型系列性、综合性的文化活动。杨桥庙会的生成历史之悠久、阵容规模之壮观、系列表演内容形式之丰富多彩是常州乃至苏南地区所鲜见的。杨桥庙会为众多民间艺人提供了大显身手的最佳舞台，一大批濒临失传的传统艺术得到了传承、延续和发展，如已处于濒危状态的掮轮车、踩高跷、调犟牛、调三十六行等非物质文化遗产项目，经多位老艺人鼎力复原，重见了天日，在杨

桥庙会活动中得到了生动地展示、演绎和传承。杨桥庙会举办期间，集市贸易繁荣，亲朋好友欢乐聚会。在祥和、开怀的氛围中，人们交流思想，互通信息，增进情感，无疑，杨桥庙会成了杨桥人一个盛大的节日。

调三十六行。原称“调三百六十行”。我国古有“三百六十行,行行出状元”之说。蕴含着无论做什么行当，只要做好都有出息的人生哲理。为将民间存在的行当展示出来，老百姓创编了“调三十六行”的舞蹈，内容是以各个行当代表性动态动作及语汇为主。据史料记载，在武进杨桥地区已流传了200多年。调三十六行表演贴紧生活，形象直观，内容真切，乡土气息浓厚，地域特色鲜明，具有较强的教化功能和较高的欣赏价值，深受常武地区老百姓欢迎。

焦溪

5. 焦溪

焦溪村隶属常州市东北部武进区郑陆镇，地处常州、无锡、江阴三市交界处，西距常州市中心约20公里，东北据江阴市区约15公里。

一、自然环境

焦溪村位于东经120°09'，北纬31°49'，东西狭，南北长。全境属太湖平原，地势低洼，土壤肥沃，土层较厚，质地疏松。焦溪村属亚热带季风性湿润气候，雨量充沛，四季分明：春季天气多变，时阴时雨；夏季受海洋季风影

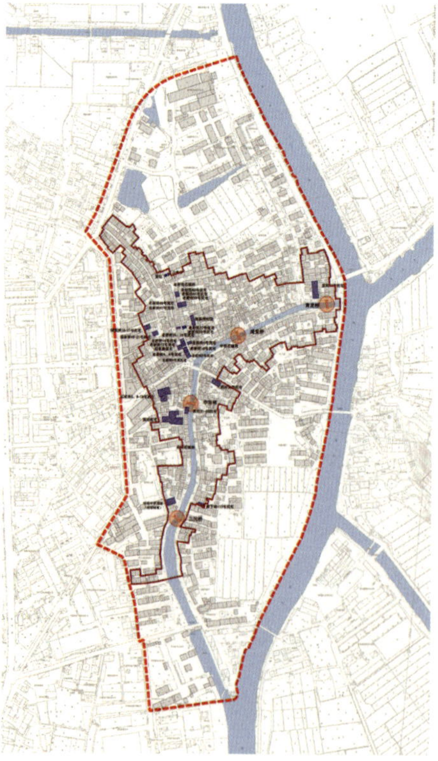

传统建筑分布

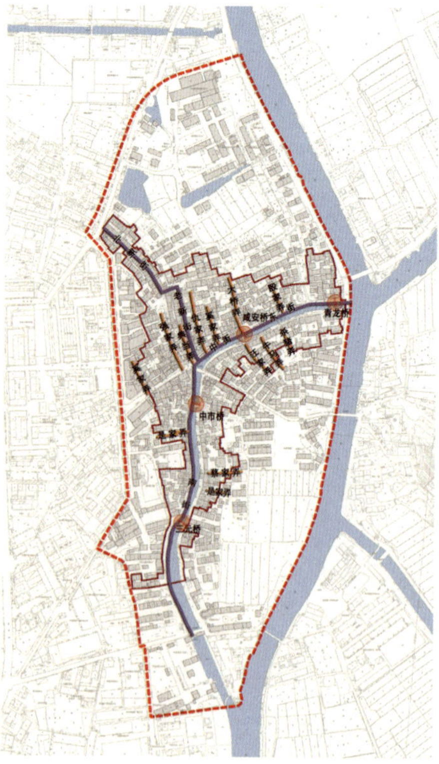

重要街巷分布

响颇为显著，高温多雨；秋季天高气爽；冬季受偏北风影响，寒冷少雨雪。村落范围东至舜河，南至市永益化工公司，西至舜河路、舜溪中路、舜溪南路，北至胡家村、焦溪水利站，面积约 39.10 公顷。焦溪村依山傍水，周边舜山、凤凰山、秦望山、鹤山、石堰山等山脉绵延不绝，东侧有贯通长江、太湖的舜河。传统村落内，龙溪河穿境而过（据《越绝书·吴地》记载该河为江南运河原始段落之一），成为贯穿焦溪村的主要公共空间和景观载体。村庄南北部保留了部分田地，成为村庄内部与周边生态格局的景观廊道，更与龙溪河共同构成“山－河－田－村”内外联通的自然生态格局。

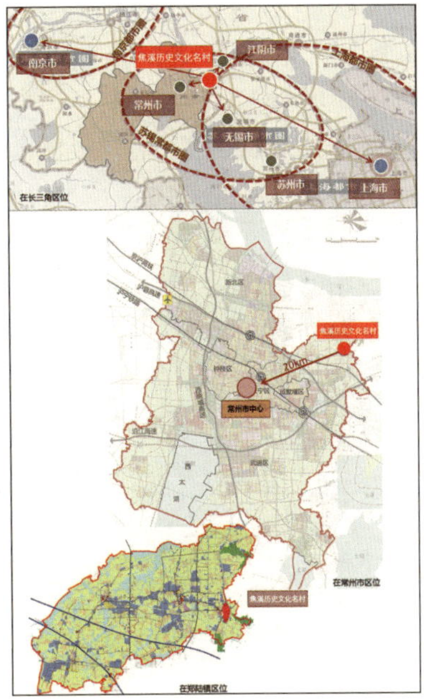

焦溪村区位图

南街街巷

老新街街巷

二、历史传承

焦溪村历史悠久。传说中 4000 多年前虞舜禅位后来到高山安营扎寨，开荒造田，盖房掘井，开挖河道，随后其凭借特殊的地理位置，在唐代形成集镇雏形。唐元和年间（公元 810 年）一隐姓埋名的读书人焦先生隐居于此，因此称此地为焦村。唐知名禅师鸟巢禅师与焦先生是故交挚友。因焦先生用酒糟垫底扣肉宴客于他，鸟巢禅师遂将焦村称为焦垫。及至元末朱元璋帝师焦丙在此设塾讲学，受人爱戴，于是称为焦塾。至清朝，由于“垫”、“塾”难分，“垫”、“店”又同音，于是称为焦店。民国三十年（1941 年）二月四日，日军火烧焦店，后重开龙溪河，为了以水克火，遂改为“焦溪”。焦溪村是目前常州地区现存保留江南水乡风貌较好并较为完整的古村落。2014 年 3 月，焦溪村入选住房和城乡建设部、国家文物局公布的第六批中国历史文化名村名单。

三、村落形态

由于受自然环境的限制，焦溪村空间格局形态由中华人民共和国成立前沿

中街街巷

“十”字水网两侧发展，到 20 世纪 80 年代后向西、向南不断拓展。由于多年来村庄建设、战争等原因，焦溪村空间格局由原来的“十”字形水系和“六街九桥十八弄”的空间格局逐渐演变为目前的“一”字形水系和“五街四桥十三弄”的空间格局。

1. 街巷空间格局

现存的街巷、弄堂多建造于清朝、民国时期，街弄纵横交织，形成宜人的步行网络。街巷构成焦溪村内部道路的主体框架。弄堂垂直于街，呈丁字形相交，枝状展开分布，与街巷共同构成纵横交错的骨架体系。老新街、中街以及南街的部分仍保留原有的金山条石路面，金山条石长 1.2~1.5 米，宽 0.2~0.3 米。其余街巷已改为水泥路面。

焦溪村的历史村落特色肌理保存较为完整。核心区域以清末民初以来的传统民居建筑为主，建筑肌理以院落空间为主，建筑间距较小。北部与南部 20 世纪 80 年代兴建的工业厂房以及西部舜溪中路、舜溪南路的沿街现代建筑区域也呈现出与传统居住空间截然不同的大尺度、疏松的建筑肌理，与传统历史村落的建筑肌理差别较大，具有较为鲜明的近代建筑特征。

2. 建筑特征

建筑地方性特征鲜明，建筑材料因地制宜独具特色，众多民居建筑的东西山墙、前后包檐约有一半采用黄石砌就，形成“黄石半墙”的独特南地北风的建筑风格。

沿街建筑：江苏明清时期沿街商铺典型类型（下店上宅式）建筑沿街立面形成了传统商业街的典型风貌，以其单体的无个性而表现出整体的立面特色性。建筑一层大多经后人改造，二层则保存得相对完整。街巷的宽度不到 5 米。建筑界面高度与道路宽度的比例为 0.8~1.5 左右。如老新街、北新街两侧建筑，以一至二层的坡顶建筑为主。

沿河建筑：焦溪传统民居多沿河而建具有江南水乡传统沿河建筑的典型特征，沿龙溪河两侧仍保留有传统吊脚楼，以一至二层建筑为主。吊脚楼一面临街，一面临河，或有廊建于河道之上，或有码头建于建筑一侧。

平面布局：焦溪传统民居一般以院落组织建筑；沿着中轴线南北排开，建筑常见为 1~4 进院落组织；多进民居中轴线上功能布局依次是：门厅、天井、正厅、天井、后厅等。

结构体系：主要承重柱梁皆为木质，以横向木构架为承重体系；厅堂建筑常用鹰嘴短柱承梁；民国建筑可见方形截面梁，清代皆为圆形，且月梁较少使用。边贴及备弄两侧墙通设中柱，对应桁条位置设细柱。边贴双步梁下设长枋的双步夹底的做法较为常见，其中无木板封护。檩条下常设短机。焦溪现存建筑中鲜见轩做法，唯一所见为一支香式样。

造型与立面：屏风墙的使用极具地方特色，且主要以单峰屏风墙为主，少有三山屏风墙；沿街店面建筑立面采用可拆卸的六合门或直板窗；山墙上开通

中市桥

河道

风和采光的墙洞是较为常见的处理手法，形状非常丰富；主入口常采用门屋的形式，具有极强的装饰性。

屋面、墙垣、楼地面：焦溪传统建筑屋面以硬山顶为主，盖以蝴蝶瓦，未见歇山或施筒瓦者；檐口用滴水；屋脊端头以雌毛脊为最多，次之为纹头脊；围墙通常采用压顶的传统做法；墙体外观多为混水做，少有清水做法；墙砖砌法较为多样，且出现了类似于实滚芦菲片的特有砌法；院落多用花街铺地，也有用青砖平砌或侧砌的；室内铺地多用方砖或青砖平砌，厅两侧卧室多用木地板。次要房屋地面用泥地。

民居

失修的民居

装饰装修：焦溪传统建筑装修用料基本为木料，窗框周围常有砖雕与石雕装饰；木槅扇门窗具有典型的江南特色，常见的式样有宫式、海棠式等，总体风貌较为简约；隔扇门门扇上常设亮子，横窗在焦溪民居二层中广泛使用。

焦溪特产油酥饼

3. 主要建筑物

三元桥。建于清乾隆年间，桥身石质，桥两侧建有护栏，中部护栏刻有“三元桥”字样，有期盼乡里人才辈出、“连中三元”之意。桥栏另竖有6根望柱，桥面中央龙门石浮雕雕刻别致，有别于其他一般桥梁龙门石，桥柱及桥栏基本齐全，唯桥柱顶端原有小石狮四只，现仅存一只。三元桥全长18.8米，两侧各为25级台阶，桥堍、桥面两处宽分别为2.6米和2.1米，净跨6.6米，桥高4.6米，矢高3.6米。历代对此桥都有过整修，目前桥体保存完好，是焦溪老街保存较好的古桥梁之一。三元桥古朴美观，体现了浓厚的江南小桥流水人家的风貌和常州悠久的历史文化，有很高的艺术价值。

村落俯视

中市桥。建于清乾隆二十年（1755 年），清咸丰六年（1856 年）重修，金山石质，纵联并列式单孔石拱桥，拱圈上方两侧各有桥耳一对，桥全长 18.4 米，两侧各 15 级石阶，桥堍、桥面二处宽分别为 3.7 米和 2.7 米，净跨 6.6 米，桥高 4.6 米，矢高 3.6 米。经历 200 多年风雨，现桥体依然完整，桥身依旧坚固。1988 年武进县人民政府公布其为县级文物保护控制单位。

咸安桥。建于清乾隆八年（1743 年），咸丰年间（1851~1861 年）重修，是焦溪老街上唯一一座花岗岩石质单孔平板石梁桥，桥架于东街和东下塘之间龙溪河上，桥全长 18.4 米，两侧各 18 级石阶，桥堍、桥面二处宽分别为 2.4 米和 2 米，桥高 4.2 米。桥面纵向铺架长约 6.5 米的花岗岩条石七块，桥孔二侧竖立承重条石 7 块。现桥体完好如初。

青龙桥。清道光十九年（1839 年）建，花岗岩石质，为纵联分节并列砌法单环洞桥，桥拱圈外镶边，拱圈上方两侧各有桥耳一对，桥栏中央两侧刻有繁体楷书“青龙桥”三字，桥面中央龙门石为一旋叶形浮雕图案，桥全长 19 米，两侧各有 15 级台阶，桥堍、桥面二处宽分别为 2.8 米和 2.6 米，净跨 6.6 米，桥高 4.7 米，拱高 3.7 米。

奚家弄进士厅。主人为清乾隆三十一年进士奚日宗，曾任湖南衡山知县。现存建筑保存完整，规模较大，东西宽 20.8 米，南北长 17.9 米，是焦溪老镇目前体量最大的建筑。硬山式砖木建筑，有砖窗、隔板及单峰封火墙，屋内梁架柱础保存一般，部分房屋已损坏，无人居住。

蒋宅。坐北朝南，五开间 17 米门面，由前后房屋三进组成，均为硬山式木结构建筑。一、二进是单层建筑，三进是二层小楼，一、二进与二、三进之间各有一小天井。二、三进之间的天井内东、西各有一相对称的侧厢，侧厢东西宽为 3 米。周围有围墙，主体建筑维持江南晚清建筑的传统风格。建筑整体保存一般。

四、民俗文化

姓氏文化。焦溪古村独特的姓氏文化源远流长，其是许多少见姓氏的分布地，如，承姓、是姓、奚姓等。承姓：3000多年历史，起源于周时卫国大夫成叔承之后。常州承氏为后汉承宫（勤学苦读闻名的典范）之后裔，历史多为居官清廉、业儒知医之士。是姓：1800多年的历史，《中国姓氏大全》将其列为“罕见姓”。常州的是姓，远祖为三国东吴官员是仪，至今已传26世，约占全国是姓人口的50%。奚姓：中国历史上记载的第一个姓，起源于夏代黄帝后裔奚仲。其他姓氏还有仇、殷、时、顾等。

滩簧。滩簧是常州、无锡地区的地方戏，也称常锡文戏，中华人民共和国成立后发展为锡剧。早期的滩簧，没有固定的班子（剧团），几个民间艺人凑起来（全属男性），清装便服（或借套绸衣裙子），道具简陋，露天搭台，几块门板一搁就开场演出。所演大多是传统剧目，无一定脚本，唱词通俗、押韵，富有乡土气息，因而吸引观众。正戏结束后有时还加演“小调”。焦溪地区早期滩簧艺人有刘生明、张金来；抗日战争前夕有曹仲琪、沈保和、翟荣宣弟兄，朱阿福等。每场酬金两三斗米价值，尉而集资较易，有时竟连续演十几场。

常州小热昏。小热昏具有独特的地方地域特色，借鉴了地方戏曲的表现手法，风格独特，熔“唱、念、逗、表”艺术手段于一炉，寓“生、旦、净、末、丑”为一体，有“单档”、“双档”、“数人搭档”形式之分，后逐步形成了一唱一和、一问一答、一兴一助、推波助澜的双人档为主流的表现形式。其以常州武进方言演唱为主体，唱腔充分沿用锡剧、京剧、越剧、黄梅戏等剧种的曲调，最常见的是套用“新四曲”调配置唱词，表现欢快，节奏明显，快板也是常见的表演方式。

常州唱春。春节期间，唱春的一面春锣，一块春板，走村串户，唱上一段，主家就给以糕团，名曰“谢春”。唱词来自“春本”，每句七字，通俗押韵，内容有四时景色，十二月花名，历史故事和英雄人物等。唱春的要根据各家特色，随机应变，讨好奉承，博取主家欢喜，才能多给糕团，所以人们戏称唱春的是“体面叫花子”。

马灯。马灯是用竹篾扎成马的骨架，罩上白布，着上彩色，画成各色马头和马尾。演员锦衣绣服，扮成戏中人物，然后前系马头，后系马尾，三人一队，共有四队，表演时锣鼓伴奏，马童开路，然后骑手“策马”入场，跑出各种阵形，如十字梅花阵、八卦阵、双龙入海阵等，纵横驰骋，使人眼花缭乱，目不暇给。夜间表演时，马头、马后身内点上蜡烛，故称马灯。马灯一般农历二月启灯，三月十八落灯，经费由“灯公堂”（群众文艺性组织）筹集。

礼社

6. 礼社

礼社村始建于宋代，是距今已有 800 多年历史的江南名村，位于无锡、江阴、武进三市交界处的江苏省无锡市惠山区玉祁镇，介太湖、运河、长江三水之间，西接京杭大运河的分支五牧运河，原白沙圩东堍桥联上曾云“锡澄武中心枢纽，江湖河汇合分流”。

一、自然环境

礼社村距无锡 23 公里，面积 3.76 平方公里，形状南宽北窄似梨状。东邻民主村、南邻万里村、黄泥坝村，西与武进孙家埄、北邵相邻，北与玉西村为邻。村北为圩田、鱼池，南以圩田为主。东西均分布自然村落，间隔小型圩田。中心则以街道及周围自然村毗连。礼社村属亚热带季风气候，境内气温温和，土地肥沃，雨量充足，河道以市镇为中心，辐射四周，有“九潭十三浜”之称。境内土质为黏土，耕作稻麦而熟，旱地以往遍植桑树，今以菜蔬、豆类为主。

二、历史传承

相传礼社是“先有汤曹陈，后有吕强薛”，汤氏最先涉足礼社，现在地名

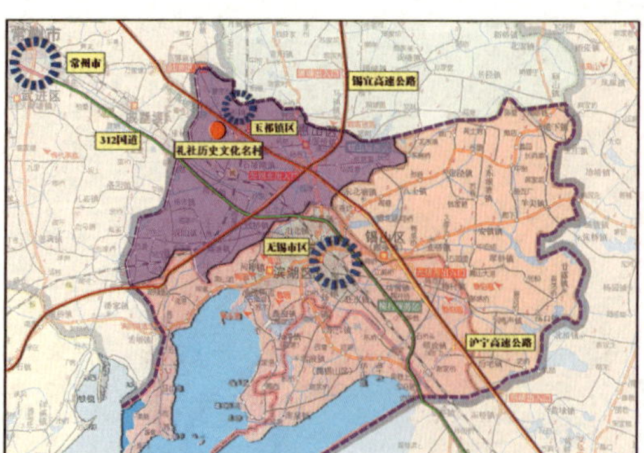

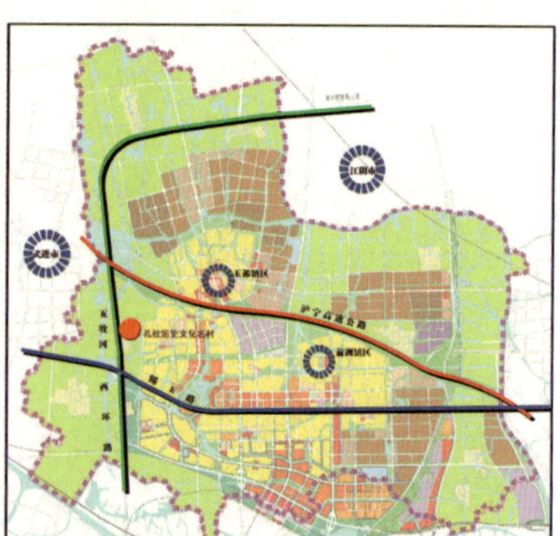

村落区位图

也有汤家巷，不过已经没有姓汤的人。南宋淳熙年间（1185 年左右），国史院编修吕祖谦之子散骑郎吕文缨由浙江金华过境，途经白沙圩桥，爱桥东一片沃野碧水，遂决定在此定居。礼社最早的地名“吕舍”也由此而来。明宣德年间（1426~1435 年），官至京师虎贲卫镇抚的薛琚，入赘本地曾任地方知州的王本家开办实业，定居这里，成为薛氏始祖。经过几代人的努力，筑堤垦田、纺纱织布、开肆经业，嗣后繁衍，至清乾隆年间薛氏家族与田产已近鼎盛，故将原居地薛家巷兴建街市。以祖籍江阴丛桂坊薛氏同宗的“仁社”为荣、谐“吕舍”地名之音，将街市命名为“礼社”，取“尚礼守法安居之地”之意。当时的礼社村一步两桥，石板街道，廊棚驳岸具有典型的江南水乡特色。辛亥革命后薛氏望族顺应民族商业的勃兴，以实业发家，将资本经营转化为工商业发展。同时，薛氏家族也没忘记富裕后回馈社会，办实业之余办教育、慈善，对当地的经济、社会、文化发展做出了较大贡献，由此礼社人才辈出，绵延不绝。

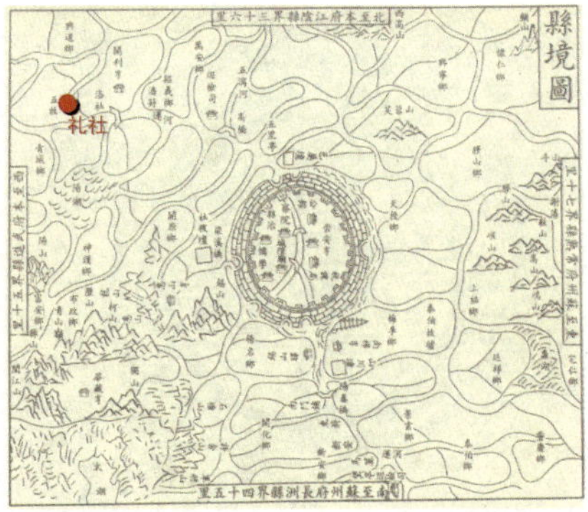

礼社村明代地图

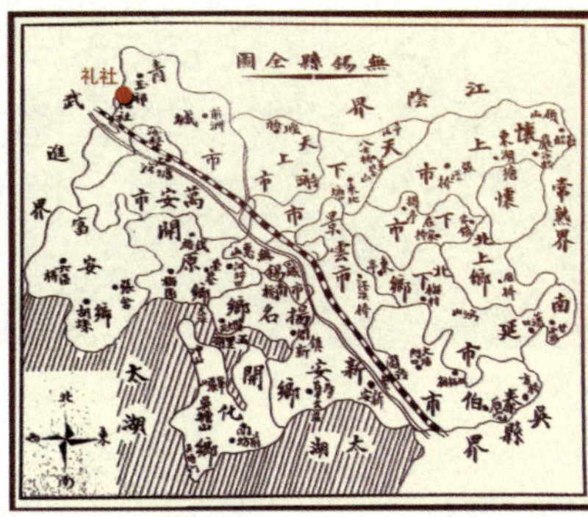

礼社村民国地图

传统建筑分布

礼社村人文荟萃，名贤辈出，依1927 年续修的《薛氏宗谱》统计，一世至二十世被立传的文武贤达之士有 200 余人。《玉祁镇志》收录的礼社名贤硕儒共 130 余名，按礼社全村人口计算，每 28 人中就出 1 名高级人才。礼社在清代就涌现 160 多位文武官员，民国期间有“一门四博士（薛光鄂、薛光琦、薛光钊、薛光钺）”，当代有“一村四院士（薛暮桥、薛禹群、薛禹胜、秦伯益）”。还有著名实业家薛明剑、著名教育家薛正（女）、书画大师秦古柳、特级工艺

村落俯视图

美术大师薛佛影等，特别著名经济学家孙冶方、薛暮桥，中国老一代有四大经济学家：孙冶方、薛暮桥、于光远、许涤新，礼社出了两个，称为经济学界的“双子星座”。

三、村落形态

礼社村的选址择地，顺应自然，尊重自然，体现了依水栖居的江南水乡特征，整体呈现街坊式空间肌理，将自然环境纳入聚落生活中。千百年前，礼社所属的锡北边界原本为水乡泽国，是古芙蓉湖的覆盖范围。五牧运河自南向北，傍礼社西流经陈公岸折向东，将礼社似梨状的地形分割为二。运河北为曹李家圩。运河南的地形就像一张厚实的荷叶。九潭十三浜成了礼社独有的地形特色。十三条河流在村区周围环绕分布，如叶之筋脉，自东向西，由南往北如车轮辐辏，直接或与旁河交汇蜿蜒流入五牧运河。村区周围有代表性的九只水潭，大多有同礼社一样悠久的历史。汇聚于此的皆通达对外联系水系，逐渐形成商品交易的码头、集市，街市很快得到繁盛。至清乾隆年间，礼社同玉祁、葑庄一起成为周边最大的水乡集镇，繁荣的市场辐射锡、澄、武三地。

礼社街建于清代，全长200米，宽3米许，街面用12行青砖侧驳拼成6行“人”字形，街道中段稍弯，人称“龙形街”或元宝街。狭街两旁因不同时代建筑而风格不同，变化无穷的民居和店铺，参差不齐地罗列着。街道均是用青砖铺设，街道呈现出“人”字形或“众”字形，意为一人的力量与众人的力量时而独立，时而结合。街两边的店铺也很有特点，两侧集中居住的60余家乡绅大户，其中90%以上为薛氏一族，这些店铺大多是清代建筑，坐北朝南75间、坐南朝北67间，其乡绅为光耀门庭、显示气派，门楣上均题上很有文化内涵的堂名，共24家。其住宅连着店铺，每家店铺3~6家店面、6~9造进深不等，内连大院、天井、厅堂、厢房、廊道等。

礼社现存历史建筑多数位于老街两侧。包括薛暮桥故居、孙冶方故居两处省级文物保护单位，以及许多优秀历史建筑，如薛氏永善堂、薛佛影故居、秦古柳故居、薛家大院、薛氏义庄、水龙宫、薛氏高山房、丰泰顺茧行，大成蚕种制造场等。这些建筑多为清代、民国时期建筑，以砖木结构为主，形制古朴，体现出江南古村落别具一格的特色。

村落局部鸟瞰

老街

老街街巷

老街戏台

孙冶方故居

薛氏宗祠(伦叙堂)。位于礼社西街,创建于明隆庆年间。清乾隆十七年(1752年),由倡导者薛友佳、薛鄂桦、薛禹功、薛赞玉出资重建,三楹一巷,前后二进,中设墙门一座。乾隆四十二年(1777年),启建寝室三间,更设二墙门一座。中三楹为子孙习礼之地,后三楹为祖宗栖灵之所。朝南墙门两侧撰着一副楹联:"澄江分派,礼社世居,望重河东;祥开镇抚,源远流长,经文纬武。"楹联涵盖着薛氏一族在礼社定居后26方支系匹配,人丁兴旺之意。中华人民共和国成立后,薛氏宗祠为礼社粮管所附属仓库,1977年改建成大队办公室和诊所,1993年二楼办公室出租给外地打工者居住,2005年起,上下二层楼改为村委医疗服务中心。

薛氏永善堂。建于明代,坐落在西街中段,坐南朝北,系薛禹泉等捐田亩、集资财筹建的慈善机构。面阔三间,原有四进,一落多进式布局。备弄东墙上镶有四块《永善堂碑记》,厅上挂有"永善堂"和"为善最乐"等匾额。占地面积916.56平方米,建筑面积535.26平方米。第一进中间为公共出入,东西两间为南货店和烟纸店,出南门是个大院子。第二进为落地长格窗,东有备弄

薛暮桥故居鸟瞰

直通楼屋，备弄东墙有《永善堂碑记》，第三进与第二进之间为天井，植有规划树一株，东－间与第四进楼屋相接，东西二间均为施棺屋，出南门是一条宽阔通道，两边各有三间堆放树枝、稻草的柴草屋，通道尽头是一扇实拼后门，整个建筑全长 88 米。

孙冶方故居。位于礼社老街中段，坐北朝南，临街而筑，砖木结构，为清代晚期建筑。主体建筑坐北面南，前后五进。故居原有数条建筑轴线，今仅存主轴，轴上自前至后分列五进建筑和一些辅助房，每进建筑皆有院子或天井分割，每进面阔三间，后二进为“迪楼”，为典型的江南水乡民居。故居在 2008 年按照原貌修缮好。2006 年 6 月，由江苏省人民政府公布为省级文物保护单位。

薛暮桥故居。在礼社村西街，建于清末宣统二年，砖木结构，是礼社老街北端的一座江南乡镇中型民宅，占地面积约 324 平方米。原主体建筑为三间三进砖木结构平房，为二条轴线夹一弄（陪弄）全封闭式的院落，主轴线上从南到北分列三进加后面辅助建筑。故居在 2008 年按照原貌修缮好。2006 年 6 月，薛暮桥故居由江苏省人民政府公布为省级文物保护单位。

民居

薛家大院。建于清代，砖木结构原有三间八进，现存三间五进。第三进与第四进是有对应转盘楼梯的楼房，两进的南北门都是石库门。实墙无窗，三间厅堂，西有备弄贯通。第四进后面是个小天井，有一口青石栏圈的井，每进之间用天井或花园隔开。

秦古柳故居。建于清代，砖木结构，原有三间八进，现存三间三进，每进有院分隔，是秦古柳先生的出生地。台阶前的街面上有三个菱形的旗杆坑，是整条街的特有现象。从结构上看秦古柳故居和东邻的薛家大院是一个整体，都是石库门，面街都为两边满墙，中为排门板；楼檐同高，厅院同深。进门东间为轿厅，西间有备弄通往二进厅堂。第三进与第四进是有对应转盘楼梯的楼房，两进的南北门都是石库门。实墙无窗，西有备弄贯通。两楼西间还有独立楼梯，有偏楼通道贯穿两楼。第四进与第五进之间有小天井，有一口青石栏圈的井。第五进是平房，做厨房。第六进为三间方砖楼。方砖堂楼在江南古民居中较为少见。第七进是客房供下人休息，中间为甬道，第八进是堆放杂物的平房。后门是石库石拼门。

薛氏高山房。建于明末清初，原面阔四间七进，现存四间三进。第二进、第三进之间有假山、影壁，现假山已不存在，影壁尚存，墙面为风火山墙。第四进、第五进是转盘楼（对面楼），第六进是楼房，楼上有一间是方砖楼。

丰泰顺茧行（薛氏九十九间半）。清同治四年（1865 年），由薛氏十七世薛谦培建造。薛谦培官至直隶州州判，世授文林郎，他有一定的建筑营造知识，见多识广，故以“内外分室独立，外观连成一体之布局”设计。这幢建筑坐北朝南，分南北两部分，两侧一进九间，北侧一进十二间。每间六架式，中间一间宽九尺九为正门，自南往北连成长廊，长廊两边房舍毗连对称，前后共九进。有天井、小花园、晒场。风格不重飞檐翘角，不求画栋雕梁，但见鳞次栉比，整齐划一，内外分室独立，外观连成一片。气势恢弘，朴实无华，堪与南京甘家大院九十九间半媲美。这些建筑保存了明末清初的风貌，装饰质朴简洁，风格明快，工艺精湛，有很高的历史价值、人文科学价值及环境与建筑艺术价值。

薛佛影故居。又名养初堂，建于清代中期，位于礼社街55号，坐南朝北。故居原有面阔六进一大院，现存三间四进。第一进为平房，阔三间，曾是"大德堂药铺"。第二进为故居正厅，悬挂"养初堂"匾额。地面为水磨方砖，厅柱粗大，规格之高为街区厅堂之最。第二进与第三进之间隔天井，天井东有厢房，通第三进平房。第四进为平房。第五进是厨房柴间。第六进有五间平屋，向东延伸了两间，为公共使用的杂物屋。南面是一个种植蔬菜、花木的大院子，有一水潭。

除建筑文化遗存外，历史文化名村内还存留古井、古树、河埠头、码头及其他丰富的历史环境要素。值得一提的是被当地百姓称作"摇篮井"的一种半边井。半边井其实是完整的一口井，只是被一道墙隔成两半，两家共用。小小一口半边井，在无形中达成了敦亲睦邻的功能，也是礼社和谐风气的一种体现。

四、文化传承

庙会。位于史家巷的神仙庙，是一座神佛共处、释道合一的庙宇。神仙庙原为建于明嘉靖年间的白云庵，供奉昊天大帝张巡（青面大老爷）。清同治年间改名福聚庵，同时庵堂扩大到三间三进，并增建了供奉纯阳祖师的神仙庙。民国初，里人薛子安（省第四届议员、青城市自治会议员）倡议，将祀睢阳侯张巡和纯阳祖师吕洞宾的福聚庵同神仙庙两"阳"合一祠，名为"神仙庙"。由古代春秋社祭演变而来的庙会，随着乡民对神祇的顶礼膜拜愈演愈盛。

香会。即迎神赛会，俗称"行会"，举办日期都在菩萨"开光"日或逢闰年的菩萨生日。礼社最后一次行会是在1949年7月25日闰年香会。

民间刺绣。礼社刺绣，始于明代中期，到清初已有一定名气，当时流行的是"十字挑花"和"堆纱刺绣"。清代礼社各姓宗谱，有关女眷"善刺绣女红"、"善绣鸳鸯"、"笔画刺针、悉臻工妙"等记载不在少数。

礼社龙灯。清咸丰年间，后巷就出现了青黄双龙，至今有近一百五十年历史。礼社双龙队对传统舞龙技艺继承发扬，开创了古镇舞龙史上的光辉一页。1998年12月，江苏省文化厅命名玉祁镇为"江苏省民间艺术（龙舞）之乡"。

严家桥

7. 严家桥

严家桥村位于无锡市锡山区羊尖镇。永兴河贯穿该村，形成一个河街相邻的水乡民宅格局。古村已有700多年历史。20世纪20~30年代，严家桥村曾是无锡著名的米码头、布码头、书码头。该村也是无锡望族唐氏的发迹地、明代著名文学家唐顺之后裔的居住地。

一、自然环境

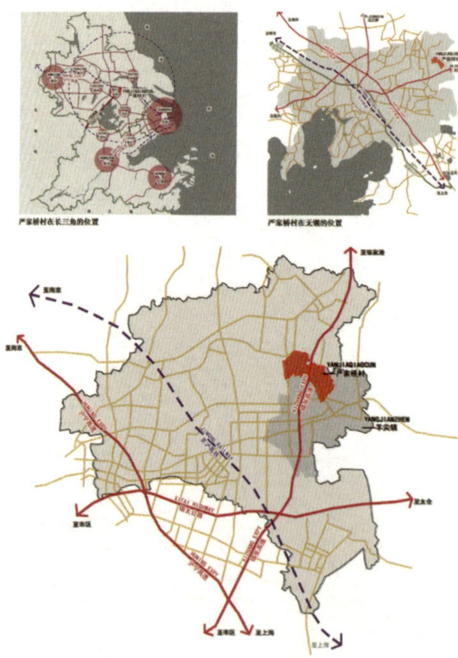

严家桥村区位图

严家桥村地处锡山区东北部的锡、澄、虞三市交界处，羊尖镇与港下镇之间，距羊尖镇中心镇区约5公里，北邻江阴市，东与常熟市接壤，南端和苏州市城区相距十多公里。四个市、区界在这里毗邻相连，这里同时又是和无锡、江阴、常熟、苏州四个城市相距最远的边缘地区。

严家桥村既有特殊的地理位置，也有它独特的自然环境。严家桥村属亚热带气候区，四季分明，雨量充沛，河网纵横，气候湿润、土地肥沃，适合农作，物产丰富，民风淳厚。严家桥村比周围地势稍高，平坦宽广：东抵景色秀丽的虞山西麓山前湖（又名尚湖），东南至严家桥、甘露以西的烟波浩渺的鹅真荡、谢埭荡、宛山荡，西连张泾、东湖塘、安镇各集镇，北达顾山、陈墅、黄土塘、长泾等地界。历史上多次发大水泛滥成灾的时候，常殃及周边地区，有的地方成了汪洋泽国，严家桥却安然无恙，从未受淹。因地势高，人称“高乡

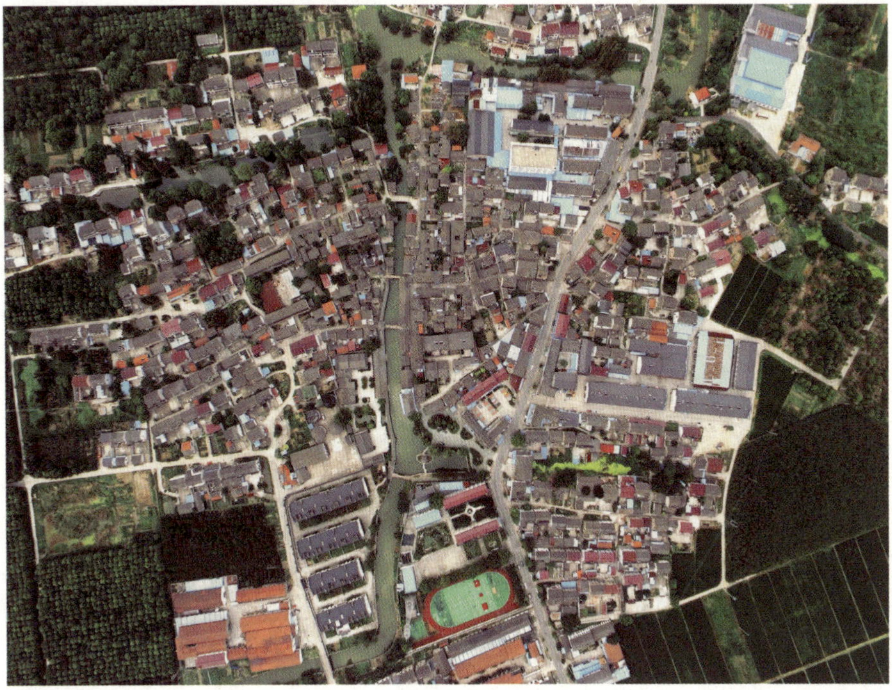

村落俯视

头”，又称“箬帽顶”。如此优良的自然条件和邻近乡镇比，得天独厚。加之从明清两代至中华人民共和国成立前的四百多年中，严家桥遭受战乱之祸较少；较大的太平军起义和南北军阀混战，均未伤及元气。因此，人们既可在比较稳定的环境中生存，又可方便地和周边地区进行人文、信息、物资的沟通交流，多种优越条件对严家桥在历史上的形成和发展，起到了很大的作用。

二、历史传承

严家桥村，属羊尖镇，明末严河永自东后村迁居于此，建一石桥而得名，近代为重要集市贸易场所，也是重要蚕桑养殖地和丝市，沪宜公路建成之前，严家桥村的经济文化繁荣程度远远超过羊尖镇。

严家桥自元末明初形成，至今约700年历史。据明洪武初年版《无锡县志》记载，严家桥在宋—明万历时代属无锡县怀仁乡。明万历至清光绪三十四年（1908年）归怀仁区，清沿袭明制。雍正四年（1726年）划无锡县为无锡、金

村落局部鸟瞰

匮两县，严家桥归属金匮县。辛亥革命无锡光复后，锡、金两县合并仍为十七市乡。民国三十七年（1948 年）至无锡回到人民手中（1949 年 4 月），1948 年裁区设署，合并乡镇，严家桥属张泾区署，称胶东乡。1958 年“人民公社化”前夕，胶东乡撤销，并入羊尖乡，随后羊尖人民公社成立，严家桥即成为羊尖人民公社严家桥生产大队。以后，市县行政建制多次变动，严家桥一直以行政村建制归羊尖镇（乡）管辖，以迄于今。

作为我国近代民族工商业先驱者、无锡民族工商业四大家族之一的唐氏家族先祖发祥的风水宝地，严家桥至今保留着唐氏家族的“旧影”，像唐氏仓厅、唐家码头旧址，唐氏建造的永兴桥、梓良桥旧址，唐家当年创办的春源布庄遗址、翼农蚕种制造场旧址和利家砖瓦厂等历史遗存。唐氏祖籍常州武进，明末清初因避兵祸，第十一世中的一支来无锡定居，称无锡东门支。至十六世祖唐懋勋，其为人温良敦厚，人称景溪公，他当过商店学徒，曾在无锡北塘街江阴巷口开设恒升布庄，经营得法，生意兴隆，是当时无锡著名的四大布庄之一。清咸丰年间，为避太平军战乱，他携妻儿老小迁居至无锡东北乡严家桥镇，和跟随他一起经商的两个儿子，以经营土布起家，先是开设春源布庄，积累大量资金后，大量置田达6000多亩，建造仓厅宅院，并陆续开办同济典当、德兴仁茧行、同行木行等店铺，逐步成为无锡东北乡首富。

河道鸟瞰（一）

第二代培字辈唐洪培（子良）、唐福培（竹山）继承父业后，更是人财两旺，为唐氏家族的发展打下坚实基础。

河道鸟瞰（二）

第三代镇字辈，都在严家桥出生成长，从小受到良好教育和培养，人才辈出，有的历任政府要职，有的成为商界红人。唐浩镇——子良长子，曾任清政府农工商部郎中，邮政司司长，民国后任总统府秘书长。唐滋镇（保谦）——子良次子，与蔡缄三（文鑫）等（非常有名的唐蔡集团）在无锡创办九丰面粉厂、庆丰纺织厂、锦丰丝厂、益源堆栈等，是无锡著名的实业家。唐殿镇（骧廷）——竹山四子，与程敬堂等（唐程集团）创建无锡、上海丽新纺织染整厂、协新毛纺织厂，名闻遐迩。

村落街巷

第四代源字辈，接受文化教育的层次就更高了，有一大半达到了大学毕业或有外国留学经历，大多和父辈一起创业，后来很多人成了海内外著名的厂长、专家、学者、教授或企业家、实业家。

至第五代千字辈多在海外读书工作，更是将唐氏家族的势力范围扩张到中国香港、中国台湾等地区以及巴西等国家。现在比较出名的香港财长唐英年已是第六代年字辈后人了。

三、村落形态

1. 村落格局

严家桥主要呈现“一河四桥、六街、一片、数点”的格局。“一河四桥”

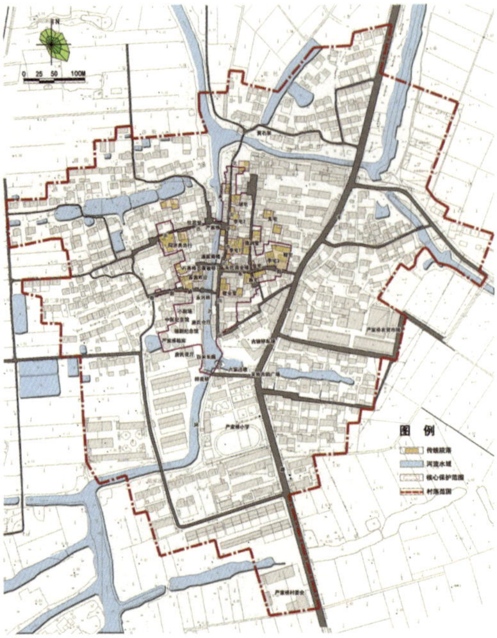

传统建筑分布

的一河指穿越村落的永兴河。严家桥永兴河道，北接江阴、张家港水系，南通常熟、苏州直至上海地区，历史上曾是无锡东部南北水上交通的要道，而严家桥又是百年以前无锡到常熟陆路走道的必经之地。从一定意义上来讲，永兴河是严家桥传统商贾文化的灵魂所在。四桥是指联系村落东西交通跨河而建的梓良桥、永兴桥、万善桥以及严家桥。其中梓良桥、永兴桥、万善桥包括唐氏仓厅部分为无锡市市级文物保护单位。

临河风雨长廊

“六街”指构成整个聚落形态的空间骨架的六条主要街道，分别是河东的北街、中市街、南街、东街，河西的庙前街和西街。严家桥的街纵横交错。永兴河把古镇分为东西两区，东区有路与河平行走向，形成南街、中市和北街；东街至双板桥处与南街、中市形成一个交汇、收放的空间，是小镇的商业中心；庙前街和西街则是通过桥的过渡空间与南、北街相连，一起构成古镇的主路。严家桥的街宽约3米，路面用弹石铺筑，风格上有别于石板路。南街、北街、中市、东街店铺林立，这里云集了粮店、布店、南货街、饮食店、京货店、银匠店、药材店、文具百货、茶馆酒肆等商业建筑。也有功能上仅是居住的路，如西街，犹如苏州的小巷，曲折多变，人行其中，移步换影，别有一番情趣。

“一片”指以唐氏仓厅、同济典当行、春源布庄、百米长廊、唐家码头为代表的唐氏家族民族工商业的历史遗存区。

“数点”指散布于规划范围中的建筑遗存和以传统风物为代表的传统风貌环境要素，包括民居、古桥、古井等。

2. 建筑特征

严家桥现存传统建筑除个别多为晚清和民国时期所建，与太湖流域传统建筑同属江南抬梁、穿斗式木构建筑体系。建筑采用地方木、石和青砖建造，结

构轻巧，形式多样，风格纯熟，布局灵活，具有很高的历史文化价值。传统建筑中传统民居居多，以各种院落式布局为主，开间宽阔，院落方整，四周有回廊，有些在外侧还有外廊和偏院。现有民居可分为以下 4 种类型：

单进四合院：数量最多的院落形式，其中以保留较为完整的程氏转盘楼宅院和建于明代格局较为完整的胡宅为代表。

单进三合院：村中有 U 形平面一进院落建筑。该建筑实际上以院落为中心两侧各一个狭长形侧房组合而成，侧房为厨房、储藏等辅助功能用房。

沿街店铺和排屋：店铺主要位于河东的北街、中市街、南街以及东街两侧，

德润堂程宅

建筑多沿街展开，但也有垂直道路建造的。有些店铺是独立的建筑，有些则是院落建筑的一部分。排屋也是一种独特的建筑类型，这种建筑一字形展开，前后开敞，没有院落。其中以潘家商楼、朱氏商业楼以及唐氏仓厅沿河部分为代表。

独立新民居：此类建筑多为20世纪90年代中后期所建，为常见的前院后宅式，是居民自建更新的一种表现。

传统民居清新淡雅，白色的墙，黛色的瓦，以砖木结构为主，砌筑方式有实墙也有空斗墙，多为两坡顶，做法一般在桁跳上加椽子、望砖，再铺以小青瓦。平面布置和立面造型反映了不同的使用功能要求，厅堂楼阁、墙头砖雕、木窗花格、屋脊梁架、山墙、垛头等体现在严家桥各种民间住宅的建筑体上。

3. 主要建筑物

胡氏宅院。坐落在严家桥北街中段，为明代建造的严家桥最早的宅院建筑。宅院大门临街朝西，门面三间，门面房后为天井，两侧为厢房，天井后面为三间大厅尚德堂，厅后设有后厢房，大厅用青方砖铺地，木柱支撑结构。大厅后有一个天井，侧为厢房，后面三间为住宅正屋。住宅正屋北侧另有一间生活间

古井

和柴房间，靠北一个蟹眼天井，蟹眼天井中有一口水井，常年供家人使用。生活间和灶间后面的后天井较大，可晾晒衣服。后天井后，建有三间平屋，供下人居住和堆物储藏用。胡家宅院处在街市中间，周边紧靠邻店，空间虽狭小，但做到充分利用，布局合理，结构紧凑。胡家祖上几代单传，先靠地租收入，后又经营手工染坊，家境殷实。明代建造的宅院，在当时的严家桥可称质量上乘，用材讲究，装饰精美。该建筑虽然经百年风雨，至今仍保持着较完整的历史轮廓，对严家桥地方经济文化的研究具有相当的历史价值。

唐氏仓厅宅院。唐氏先祖 1860 年定居严家桥以后，以春源布庄起家，兴办实业，发展成中国著名的工商大族，在严家桥留下了众多的建筑群体，其中以 19 世纪 70 年代建造的唐氏仓厅、宅院为代表性历史建筑。唐氏仓厅、宅院占地 3 万平方米以上，为标准的清代建筑。唐氏仓厅面河朝东，九开间门面，前后三造。头造是灶台、账房及仓库；第二造是唐德忠堂大厅，居中三间，两侧边为厢房，是接待宾客和议事的地方；第三造是内眷住宅，上下七间为转盘楼，两旁另有陪弄通往厨房及后园，后园内还有仓库、敞间。后院与唐氏产业同济栈房相连，中间大片空地用作晒场。唐氏仓厅、宅院整体建筑布局合理，

万善桥

结构紧凑，主体院东临市河，南北两侧有田鸡浜、烧香浜两条护庄河与外隔离。宅院三面环水，设有巷门楼，气势壮观。唐氏家族把仓厅、宅院建造成集商贸、居住、防卫功能于一体的建筑群，反映出唐氏家族新颖的建筑设计理念和发展工商实业的先进思想和远见卓识。

李氏住宅楼。建造于清代同治年间。位于北街南段，面街朝西三间门面，后有二造楼房，前造楼房下面为三间厅堂，后造楼房上面为住宅楼，下面为生活间。前后楼房格式不同，楼面、楼下都转角相通，结构独特别致，占地面积500平方米。

程氏宅院。建造于清乾隆年间。位于东街口，前为七开间门面房，左右均有厢房、院落。占地面积原为800平方米，中华人民共和国成立以后，先后作为严家桥人民政府驻地和无锡市蚕茧公司外贸仓库使用，前造平房20世纪90年代末已拆除翻建为商品楼房，现保留后面二造，占地面积仍有600平方米。

德润堂中西合璧转角楼。建造于民国初年，位于东街北侧，占地500平方米，是严家桥保存最完整的历史建筑。该建筑在传统的中国式屋脊、梁架、山墙、门柱的特点上，还引入了西方的风格（如弧形窗和洋岗松进口木料等），体现出中西合璧的时代气息，为当时一般乡镇民宅建筑中鲜见的。

潘家商楼。位于严家桥中市，清代建造。商楼临河，面街朝东，南面两间，北面一间，中间沿河有石级码头相隔，码头上面盖有楼房，和南北两侧楼房相通，既起到遮风避雨作用，又能把整个商楼连在一起。商楼设有酒楼、百货布匹部，码头上下停靠船只，是严家桥街镇具有特色的商业功能建筑。

朱氏商业楼。位于严家桥东街和中市街联接处，面街朝南，上下八间，建于民国初年。占地面积500平方米，为民国年代严家桥商业街道中繁华地段最为新颖的商业楼。上面为住宅，下面为店铺，至今建筑保存完整，是严家桥工商业古镇繁荣时期的历史见证。

李氏小洋楼。李氏小洋楼位于严家桥东街，建于抗日战争胜利初期，为民国年代建筑。李氏洋楼是严家桥西医的私人会所，外形和内部装修均按西式洋楼的标准，其精美程度当时堪称一流，为无锡一般乡镇鲜见。楼下为门诊室、药方间、化验室，楼上为手术间、病房间，设施齐全，为严家桥“医码头”条件最好，设备最完善的诊所。李氏小洋楼保存完好无缺，现已作为私人住宅，但当年的风采依旧存在，保持着它的历史价值。

东街李氏宅院。东街李氏宅院建于清末民初，前为墙门，天井两侧为厢房，后宅为古式楼房建筑，占地面积为600多平方米，为砖木结构，平屋保存着清代民居的格局，楼房则显现了当时较先进的建筑理念，至今建

梓良桥

筑仍保存完好。

同济典当行。在原春源布庄后小弄内。唐氏在严家桥开设的同济典当行正门设在西街，坐南，大门朝北，石库门圈。但进入典当门厅后，里面的厅室摆设及典当柜台等，则仍是南向。现仅留有一排三间小屋，可以看出当时的典当行是与春源布庄房子相连的。其余原在唐仓厅南侧的同济栈房、同兴木行、德仁兴茧行等房舍，都已不留痕迹。

万善桥。人们习惯称双板桥，在严家桥市镇中市口旁。这里很早以前有一座双板木板，后因春源布庄生意兴隆，木桥被挤坍了。唐懋勋父子就在卖布客人的每个土布所得中提取一枚铜钱，准备积聚三年后用这笔“集资款”重建石桥。后来仅积了一年多就由唐家出资补足费用重建了这座双石板大桥。因造桥资金出于群众捐款“集资”，故取名万善桥。但人们习惯称双板桥，曾名闻大江南北。

老街杂货铺

梓良桥。在严家桥唐氏仓厅南面，建于清光绪三十年（1904 年），其时唐竹山早已去世，唐子良也在桥建成之前去世。唐氏“镇”字辈子孙为纪念先祖，将桥名题为“梓良桥”，除纪念唐子良外，更含有对先祖的思念和乡梓的眷顾。当年在桥墩上凿刻的白石桥联至今还清晰可见，南联曰“故里近依瞻亲舍，新梁普渡化慈航”，北联曰“北接梁溪怀祖泽，南通虞麓谒先型”，意切情深，感人肺腑。1992 年 3 月唐宏源先生回严家桥故乡探望，嘱咐镇、村有关部门帮助修复当时已近损坏的梓良桥。1993 年冬，镇、村对该桥进行了修缮，并按唐宏源先生委托题写了“纪念先人、怀念乡亲，梓良桥建于光绪三十年，唐氏后人

村落环境

村落入口

于1993年10月重修”字样，修旧如旧，保存了原样。

严家桥。最初建于元末明初，因附近东前村一严姓大户定居严家河边后，苦于往返附近运河（严羊大河）东、西不方便，便独资在河上造了一座木桥，称“严家桥”,从此以“桥”名为地方名。汤姓于明嘉靖年间迁严,居严宅附近；明末程姓也自皖来严，举汤姓东首。清康熙年间，程姓在严发迹后，又把木桥改建成石桥，据说还想改“严家桥”桥名为“程家桥”，为此两家打官司到县衙,官府判以“以原《县志》为准”,仍名“严家桥”。老石桥在民国8年(1919年)因年代久远曾拆除重建过,但仍保持了老桥的风格和式样——双石桥桥面，桥长7米，宽1.5米，两边设有粗木栏杆，东西桥引各建有13级台阶。新石桥桥基上刻了桥联，可惜的是原桥联后来在重新修桥时被拆毁散失了，如今只能在河滩石级及桥身桥上找到几块残刻，依稀刻着：“地脉朔澄江，万派源来由蠡瀰，水流通护渎，一帆风送过鹅湖”,“严氏创鸿基”、“岁逢甲子庆重光”等字样，从残刻推断，老石桥大概建于康熙中叶，至今已有300年左右的历史。

永兴桥。在严家桥庙前街。永兴桥因建于永兴河上而得名。这里原有一座三川桥，因年代久远破朽，1930年秋突然坍塌，致使20多名小学生当场掉入河中。后由朱文沅、程元熙聘请朱的“南洋”同学无锡江应麟工程师设计钢筋水泥图样重建，造价2100多银元，市镇地方上仅募得700多元，唐氏“镇”字辈六兄弟知道后说“此乃严家桥一大公益事、建桥尚缺的1400元资金，全部由我们唐家承担”。并明确约定，以后“严家桥镇上公益事，不论大小，我唐家负担一半”。

第一公井。在严家桥北街中段庙前街西段和南街南端。民国23年（1934年）夏天，无锡地区久旱不雨，旱灾面积达30余万亩。严家桥严羊河开始干得只剩一条小河沟，继而干涸得河底朝天，寸水全无。为了缓解旱情，原任私立无锡中学校长的朱文沅与当地镇长程元熙商量，决定全面疏浚严羊大河，以便引进蠡河水。但预算疏河款需耗银七八千元，而市镇仅募得800多银元。唐氏家族知道此事后，立即拿出8000银元，以工代赈，发动全乡各村农民抢疏大河。经过日夜苦战，不到半个月，就使北窑蠡河之水和羊尖荡之水汩汩流到一起，使大荒之年反而获得丰收。唐氏造福乡里的义举，无锡报纸当时作了报道。严羊河疏浚后，为了预防大旱后发生疫情，地方人士朱、程等将原先募得之款在严家桥四街挖掘了四口公井作为饮用水井，并购进先进的四轮两龙头新式救火水龙一部及大量防疫注射疫苗，为群众免费注射防疫。现在四口公井还存两口，即庙前街第一公井和北街第三公井。饮水不忘挖井人，每当人们看到“严镇公井”，都忘不了当年严家桥大旱，唐氏独资疏浚严羊大河的善事。

唐家码头及石驳岸。作为严家桥民族工商业的先驱者唐氏家族，是沿着永兴河这条黄金水道发展起来的。从永兴河向南延伸的唐家码头分为两组，长约百米，其上筑凉棚长廊也有百米之长，紧靠码头的是一组集商贸与居住功能于一体的宅第。其宅面河朝东、宽九间。第一进为柜台、账房及仓库，是营业部分；第二进为唐德忠堂，两边建厢房，是接待贵客和议事的地方；第三进为内眷住宅，楼房七上七下，两侧设陪弄，可通后院的厨房和仓储等生活设施，西出院门即与唐氏产业同济栈房相连。唐宅南北两侧为安全需要，曾挖河储水，形成护庄河，有桥与外界联系。唐宅三面环河，交通方便，宅第设计构思新颖，功能布局合理，结构明晰，从一个侧面反映出唐氏家族先进的实业思想，也是严家桥镇民宅与码头、商贸、仓储等有机结合的建筑范例。唐宅码头继续往南延伸，还有同济栈房、德仁兴茧行、公木行，直达梓良桥为止。其他还有潘家码头、王家码头、李家码头等。

潘家商楼码头。潘家商楼码头位于严家桥中市，依枕永兴河。清朝同治年间由潘氏先人建造。商楼朝河面东，南面二间，北面一间，中间石阶码头，码头上盖有绣楼，既能遮风避雨，又能将南北商楼联通，商楼上下开设酒楼、点心店、百货商店等。码头为古镇居民日常生活和运送商品提供方便。目前南面的商楼和石阶码头也完整保留，是古镇繁华时期具有水乡风情特色、工商文化的历史见证。潘家商楼码头为现有“潘会盛”点心店传人，潘泰先生长孙潘宪明出资修缮，旨在为严家桥古镇历史文化的发掘和保护贡献绵薄之力。

四、民俗文化

严家桥因历史久远，这里沉积了极度辉煌的工商文化、锡剧文化，以“三地一村四码头”著称。三地是指这里是唐氏家族民族工业的发祥地，锡剧文化的发源地，党革命时期重要的活动根据地。一村是指严家桥村是无锡有名的教授村，四码头是指这里是无锡东部有名的布码头、米码头、医码头、书码头。

1. 锡剧

严家桥一直被认为是“华东三大剧种”之一——锡剧的发源地。锡剧初名滩簧，由吴歌小调演变成为滩簧，最早就发源于严家桥一带农村。受吴文化的影响，严家桥人就善唱吴歌，由于带有无锡东部浓郁的乡土气息，被人们称为“东乡小曲”，在民间广泛流行。到了道光年间以后，严家桥人就将吴歌的内容、东乡小曲曲调、采茶灯的表现形式结合在一起，由单唱、对唱、多人唱演变为滩簧的表演形式，受到广大民众的欢迎。乾隆五十四年（1789 年）所备《万寿庆典》中，选进《桑农献瑞》戏文，注明用“滩簧调”。清道光十年（1830 年），已有两人对唱形式的“对子戏”流行于严家桥、羊尖一带。早期滩簧吸收了“采茶灯”的舞蹈动作，逐渐由坐唱到立唱。采茶灯当时在江南极为普及，每逢新春佳节，民间都有“调采茶”自娱。农谚有：“正月半，龙灯看；二月半，采茶看；三月半，会来看；四月半，加田岸……”。也就在那时，严家桥出了一对唱滩簧颇有名气的当红艺人，男的叫金巧，女的叫青宝（有可能女的叫金巧，男的叫青宝，现暂从历史资料）。金巧从小受爱唱山歌的父亲的影响，常自编自演滩簧，如《徐阿增扎灯》等，都是根据他父亲的口传编出来的。青宝年轻时，每逢早春二月，便在严家桥四乡调采茶灯、唱滩簧。18 岁时，两人成婚。咸丰三年（1853 年），夫妻双双开始化妆演唱。金巧后来又自编自演讽刺统治阶级的俚俗小戏，自己扮旦角，与王文香等人一起演唱，把高昂的土簧调，变化为柔软动听流传至今的“老簧调”。常州北乡落第秀才白秋荣，再把俚俗小戏重编词章，成为锡剧中十八出对子传统老戏，如《白兰花》等。再后来发展为常锡文戏，即现在的锡剧。严家桥民间艺人袁仁仪在 1904 年沿着修筑的泥泞铁路，孤身只影沿途卖唱走进了中国最大都市上海滩的十里洋场，经过三十年和同行艺人的奋力合作，把滩簧艺术搬上了上海的大舞台，为现代锡剧奠定了坚实的基础。严家桥是人们公认的无锡锡剧发源地。

2. 四码头

布码头。严家桥历来就有传统的家庭手工纺织业，盛产棉纱和土布。1860 年，唐氏先祖唐懋勋来到严家桥开设春源布庄以后，严家桥的棉纱和布，销售跨出周边地区的范围。生意遍及苏、锡、常及苏北、安徽等地，甚至北到山东、天津，南到浙江全境。严家桥“布码头”的名气，响彻了大江南北，即使到了 20 世纪三、四十年代，随着洋布的入侵，土布行业淡出了市场，但坚实耐穿、价格低廉的土布在广大农村仍然受到了欢迎。抗战时期，挺进江南敌后抗日的新四军军装所需的布料，也曾多次到严家桥来采购，可见严家桥“布码头”的知名度。

米码头。严家桥是无锡东乡高岸头地带的漕河地区，农田不易淹没，众多的河浜提供了灌溉之便利，历史上就是著名的产粮区。严家桥的稻谷出米率高，品质优良，深受粮商的青睐，非但在无锡米市享有盛誉，运至苏州、上海也有很好的市场。严家桥从事粮食经营，开设米行的商家在市镇上多达20多家。附近乡镇的粮商也通过严家桥这个码头，运行中转，听此秋熟季节，每几天就有一个大轮的拖船满载粮食，从严家桥运出。严家桥成了无锡乡镇中有名的“米码头”。

医码头。在缺医少药的旧时代，严家桥被称为“医码头”。严家桥镇上的医界素以门科齐全，医道深厚，医德高尚，服务地道而闻名四乡。中华人民共和国成立前夕，在严家桥镇上正式挂牌开业的医馆先后有26家，30人之多（不包括外来短期行医和游医在内），其中有中医内科9人，中医外科5人，伤科2人，眼科2人，中医妇科2人，西医内科2人。另有牙科、针灸、推拿、接产多人，行医涉及周边澄、锡、虞三县十多个乡镇几十里范围内的村民百姓。严家桥有不少著名的医师，附近近百里患有重病者徒步到严家桥求医问药。严家桥镇上老字号的中药店有5家，药材地道、品种齐全，1931年开始，严家桥药材店就开始销售西药，领先于当时一般乡镇。

书码头。严家桥曾有“书码头”之称。早在20世纪20年代严家桥北街群贤茶馆就有说书先生说书了。到了20世纪30年代，又相继出现了昭文楼书场、敬业堂书场、聘山茶馆书场，20世纪40年代又有了徐厅书场、巫森茂书场、李杏保茶馆书场、叙畅园书场。中华人民共和国成立以后，又办起了“合作书场”。严家桥拥有众多的书迷票友，听众的鉴赏能力强，几乎当时评弹界各流派的诸多名家，如周玉泉、沈剑安、徐琴房、朱一鸣、张耀声、邢瑞亭等都来过严家桥献艺。

三山岛

8. 三山岛

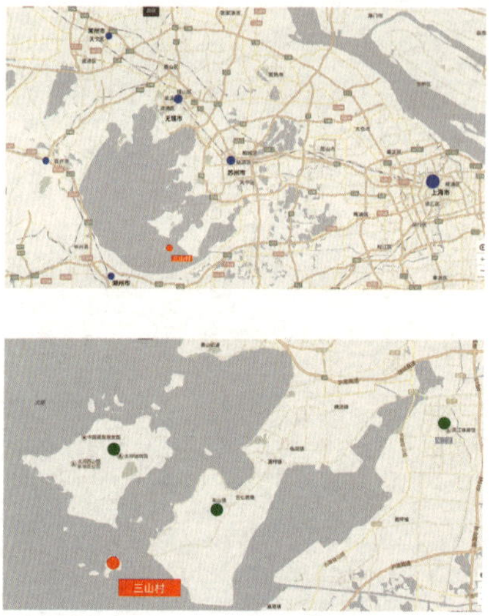

三山村区位图

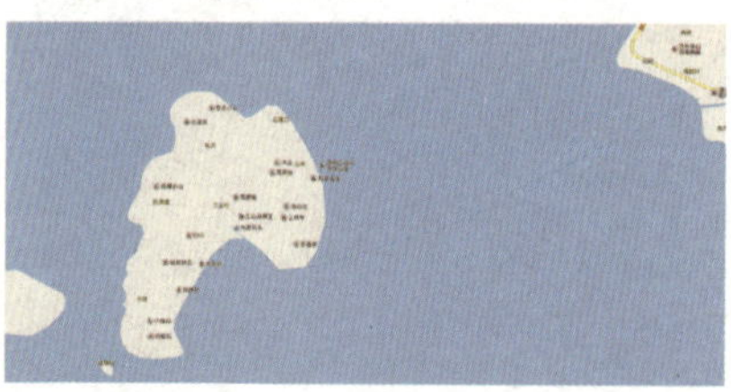

村落平面图

三山岛地处长江中下游以南的太湖流域，隶属于苏州市吴中区东山镇。其地理坐标位置为东经 120°06'，北纬 31°03'。居江浙两省交界，位于苏州市区西南 50 公里左右的太湖之中，距东、西两山均约 3 公里，距苏州市区 50 公里，无锡 147 公里，南京 313 公里，上海 110 公里，湖州 5 公里，嘉兴 15 公里。三山岛是目前太湖中唯一未与陆域直接联通并有居民生息的独岛，至今保留着湖岛的传统起居生活方式，舟楫轮渡仍是出入三山岛的唯一交通。三山岛历史悠久，风光秀丽，文化底蕴深厚，有历代文人墨客吟咏三山岛的诗词上百首。其中，清代吴庄《三山》诗最为有名："长圻龙气接三山，泽厥绵延一望间。烟水漾中分聚落，居然蓬岛在人寰。"

一、自然环境

三山岛四面环水，自然生态优越，环境优美。岛屿呈东北高、西南低的走势，从东北到西南依次分布有大山（北峰）、行山（中峰）与小姑山（南峰），并于北部分布有东泊小山与西湖小山，形成了"三山两谷"的基本地貌特征。大山与行山之间有一荷花江，东西向与太湖连通。四周有大片湿地和生态绿地，形成良好的区间绿色体系，在区域范围内，充分利用河网道路，建设绿色轴线，使三山岛有永久性的生态保护带，自然环境和谐优美。

岛村位于北亚热带湿润季风气候区，温暖潮湿而多雨，季风明显，夏季以

村落俯视图

东南季风为主。该岛四季分明，冬夏季长，春秋季短。由于受太湖水体调节的影响、水热资源丰富，故冬不太凉，夏不太炎。无霜期年平均长达233天。太阳辐射、日照及气温以太湖为高中心，沿江地区为低值区。降水量分布也具有同样规律。

岛上年平均气温约为15.7℃~16℃，一月平均气温为2.9℃~3.3℃、七月平均气温28℃左右，年平均最低气温为零下5.5℃~6.6℃，极端最低气温为-12℃~-8.7℃之间，全年无霜期八至九个月。常年年平均降水量为1094毫米，年降水日125天。一年中以6月份降水量及降水日为最多，12月份月最少。年平均降雨量为1100至1140毫米，初夏有约一个月的梅雨期。

三山岛由三山岛本岛、泽山、厥山和蠡墅山共同组成三山群岛，而三山、泽山、厥山三者基本呈鼎足三立分布。三山岛的植被主要由自然次生林、人工经济林、农田及部分观赏植物组成。其中次生林以阔叶混交林为主，植物主要种类有乌桕、

村落局部鸟瞰

香樟、胡颓子、橡木、石楠、合欢、楝树、盐肤木、湿地松及杉木等乔木;冬青、竹类、枸骨、黄杨等灌木；首乌等爬藤类植物；同时，在滨太湖地区还生长有大片的芦苇、荷花、睡莲等湿生与水生类植物。岛上居民主要种植桔、梅、枣、枇杷及茶等经济作物，其中“洞庭红橘”与“马眼枣”等较为著名，在岛上分布也较为广泛。环岛湖岸带均有水生植物和湿生植物分布,包括芦苇、荷花、睡莲、茭白、野菱、千屈菜及空心莲子草等。丰富的湿地资源和良好的湿地环境为湿地动物生存繁衍提供了天然栖息地以及充足的食物供给。河道和湖岸带区域有大量的鱼类，如具有太湖特色的“三白”——白鱼、白虾、银鱼，以及大量底栖动物、浮游动物。三山岛不仅为许多鸟类提供了栖息地，也为两栖爬行动物提供了藏身之处。因此，三山岛具有较高的湿地动物多样性。

由于湖岛与外界环境相对隔绝，生态资源开发力度不大，破坏较少，犹如世外桃源。整个岛屿山体、植被、水质保护状况良好，负氧离子等生态环境指标在苏州地区均为上乘，经测试三山岛负氧离子数最高达每立方厘米 2700 个，非常适宜居住。

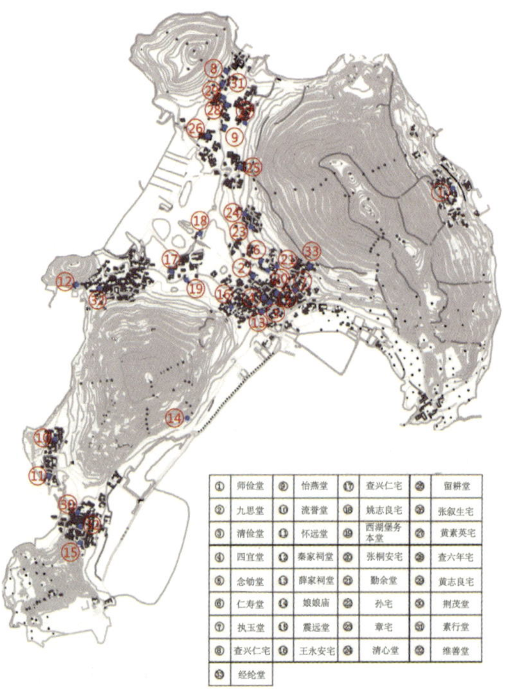

传统建筑分布

二、历史传承

三山岛有着一万多年的人类活动历史。1983 年至 1986 年，三山岛清风岭旧石器文化洞穴的成功挖掘，大批旧石器石核、石片、石器的挖掘出土，证实了早在一万多年前的旧石器时代，三山岛便有了人类的足迹。同时也将长江中下游地区人类生活的历史由七千年前的新石器时代上溯到距今一万多年的旧石器时代。

商末时，周太王长子太伯、次子仲雍为了避让王位于其弟季历，以便将来可让昌继位，二人借故南奔“荆蛮”,自号“勾吴”。经学界考证，“勾吴”为族名或国名，而不是地名。西周武王克殷后，开始分封诸侯。寻找太伯、仲雍的后人，找到太伯四世孙周章，得知其已君吴，因而封之为诸侯。周康王时，周章被改封为宜侯，地处今江苏镇江丹徒一带。

春秋时期，到太伯十九世孙寿梦时，吴国不称宜侯而是改从祖先的族号，号勾吴。寿梦死后，其长子诸樊南迁至今苏州，恢复其祖先的国号，称为吴国。经吴王阖闾、夫差的努力，吴国的疆域逐渐扩大。吴国南边是越国，西边是楚国。吴王阖闾元年（公元前 514 年），派伍子胥筑阖闾大城，即今苏州城。公元前 510 年，吴国开始讨伐越国，结果败越于槜李。此时吴越疆界主要为沿平湖、嘉兴、崇德一线。吴国在休养生息十几年后，再次攻打越国于槜李，结果又败于越，吴王阖闾丧命于此，吴国的南疆被越人占据，越军一直深入到太湖边上，直逼吴国都城。公元前 494 年，吴王阖闾之子夫差在夫椒之战中打败越国，并乘胜追击攻破越国的都城，将越王勾践围困于会稽山上，最后使其投降，臣服于吴国。吴王将疆域南推至钱塘江边。至吴王夫差末年，其疆域大致占今江苏全境、安徽长江以南、大别山以东、浙江及江西北部地区，三山岛属吴国。越王勾践二十四年（公元前 473 年），越王勾践灭吴，三山岛划属越国。公元前 222 年，秦王政派王翦平定了楚国的江南地区。

公元前 221 年，嬴政统一全国，建立秦国，开始实施郡县制，在此设置会稽郡和吴县，三山岛隶属之。秦末爆发农民起义，项羽自立为西楚霸王，吴县归楚，三山岛从之。公元前 202 年，项羽兵败，汉高祖刘邦胜，封韩信为楚王，吴县为楚地。次年，刘邦废楚王，封刘贾为荆王，都城设在吴县，三山岛属荆王地。后来淮南王英布造反杀了荆王刘贾，刘邦平定英布之乱后以荆国故地重新立刘濞为吴王，吴县改为吴国，三山岛随之属吴国。到东汉中期时，江南的人口已经有了明显的增长。在东汉永建四年（129 年）时，以钱塘江为界将会稽郡一分为二，钱塘江以南仍为会稽郡，以北设置吴郡，领吴县、海盐、乌程、余杭、毗陵、丹徒、曲阿、由拳、永安、富春、阳羡、无锡、娄十三县。三山岛属吴郡。公元 222 年，孙权称吴王，定都建业，建立吴国。三山岛在整个三国时期都属吴国的范围。隋朝统一全国后，废郡改州，将地方行政建制改为州、县两级。公元 589 年，宇文述攻破吴州，废吴郡，并以姑苏山为名，将吴州改为苏州，三山岛属苏州。唐沿隋制，在州之上又设置了“道”作为监察机构，苏州属江南道。宋初沿袭唐制，将全国划分为十多道，后改道为路，设府，居于州、县之上。公元 1113 年，将苏州升为平江府，属浙西路，此时的三山岛被划归到浙西路湖州府的乌程县。南宋沿之。元时，开始实行省制，将州改为路，此时三山岛属于江淮行中书省的湖州路乌程县。公元1372年，明洪武五年，东山从乌程县划归苏州府的吴县，三山岛随之归属于苏州府。公元1667年，清康熙六年，设苏州省，苏州府隶江苏省，三山岛属之。清政府为加强太湖设防，将东西山之防御改隶浙江划属湖州，三山岛随之被划归浙江湖州乌程县。1863年，清军重新占领苏州城，太平军撤离东山，东珊县建制结束，恢复旧制。三山岛从浙江划归回苏州府。1911年，苏州独立。次年，江苏都督府颁令废府、州，并县、厅。苏州府废，并同城三县称吴县。直至中华人民共和国成立前，三山岛都属吴县。

1949年，吴县解放，吴县划出城区建苏州市，市、县分治。1954年三山岛的互助组发展为三个初级社：耀光初级社、建光初级社和晓光初级社。1955年初级社合并为高级社——晓光社。1983年，晓光大队更名为晓光村，后吴县人民政府应大家要求将晓光村更名为三山村。2001年，吴县市撤市设区，成立苏州市吴中区，东山隶属吴中区，三山岛即从此时，其区位隶属于苏州市吴中区东山镇，并沿用至今。

师俭堂俯视

三、村落形态

1. 村落格局

三山岛作为太湖中的独岛，承担着往来交通驿站的职能，长久以来形成聚集于码头的格局，以桥头、山东、东泊、西湖、小姑码头为中心集聚形成不同姓氏构成的自然村落。村落整体上分布于三山之间的谷地，“背山面水”、“负阴抱阳”。

三山岛村落选址的一个特点是围绕着古码头纵深拓展。三山岛上古码头一般位于拥有开阔水面的湖湾区，优点是水流较缓，视野开阔，避免风浪正面冲击，便于船只停靠。古码头是三山岛对外交通联系最直接也是最重要的接口，也是当时最主要的公共活动场所与商贸交易的平台，往来商贾与物资汇聚于此，本地村民从出行交通的便捷与商品交换的便利等角度出发，亦以码头为依托，聚居在其周边地区，遂形成围绕码头空间的古村落布局。

受“负阴抱阳”风水理论的影响，三山岛民们都喜阳恶阴，希望自己

清俭堂俯视

的房子“阳气充足”，所以房屋多为朝南，然而他们认为只有金銮殿和官府及寺庙才能取“子午向”，普通人没这福气，所以多数房屋朝南偏东或偏西2°~10° 。

三山岛村落内至今仍保留有较完整的传统街巷空间，历史街道及水系长度超过 600 米，其中，三山古街与太湖和山体紧密联系，呈现出自然曲折的形态，沿街分布的各类明、清建筑，成为传统街市及公共空间的典型代表。三山岛面积 2.8 平方公里，其中核心区域面积约 2.5 公顷，现存明、清、民国时期建筑 19000 平方米，主要分布在桥头、小姑、山东等五个自然村落，既有大量风貌保存较完好的民居，也有名宅大户的建筑群。包括省级文化保护单位 2 处，市文物保护单位 1 处，明清至民国时期的古建筑 31 幢，古井 18 处，古桥 2 处，寺观堂庙曾多达 18 座。形成了以桥头自然村为中心，古街、古宅、古井、古桥、古寺庙点缀其间的古村落。

2. 主要建筑物

目前三山岛保存有大量的明清古建筑，共有建筑群体 33 座。其中桥头村的宓姓九思堂，为明代建筑，其偏柱楠木鼓凳，上有凤参牡丹官帽头，下有对角方砖渡方步，为三品官的住宅。桥头村清俭堂现有房屋 54 间，为典型的清代建筑，建于清乾隆四十三年（1778 年），建造人黄发祥，号黄十万，其建筑风格、厅、堂、落地长窗雕花等，不亚于东山镇雕花楼。山东村的师俭堂，格式与清俭堂相似，但规模略小，建于清嘉庆六年（1801 年），有大厅、书厅、楼、偏室等，目前建筑格局保存完好。另外，桥头村的薛氏念劬堂、许氏四宜堂、小姑村的吴氏荆茂堂等在格局上也都保存得较为完好。而位于东泊村的查氏故居内的雕花门楼保存得最为完好，其做工细腻，雕刻精美，具有极强的美感与欣赏价值。

这些虽年久失修，但格局基本保存的明清古建筑群，反映了三山岛辉煌的历史，也为三山岛构筑起了独特的古建筑文化底蕴。

师俭堂。建于清代嘉庆年间（1796~1820 年），位于三山岛山东村。背山面湖，气势不凡。该堂规模较大，主体建筑可分南北二路，北路有花厅、附房，南路有门屋、祖屋、圆堂、楼厅。门屋面阔一间，进深三界。祖屋大小形式与门屋相同。圆堂面阔三间，进深九橝，为内四界前重轩做法。楼厅面阔三间带两厢。内四界前廊形式。花厅面阔三间，进深九橝，内四界前轩后双步形式，其前后分别有小花园。花厅后有附房三间，圆作穿斗式，较简朴。宅院南尚有老屋四间两厢。

九思堂。建于明代天顺年间（1457~1464 年），位于东山镇三山岛桥头村 28 号。建筑面积 446 平方米。现该堂有大厅、住楼，大厅二坡硬山造，面阔五间，进深七樑，为内四界前廊形式，明间后设穿堂。住楼面阔五间带两厢楼，东厢楼早年已毁。二楼构架为内四蜀前轩后双步做法。从该堂的梁架特点及装折花纹形制上判断不属明代建筑。该堂的存在为研究这一地区的民居提供了珍贵的实物资料。

村落民居

清俭堂。位于三山岛桥头村，建于清乾隆年间，为岛上黄氏祖传宅第，建筑面积 1048 平方米。整座房屋坐北朝南，大门朝西，门屋有六扇头大门。其门西向，据说缘于风水之故。大墙进门为天井，对面与门屋相对称的房屋为家堂间，摆放黄家列代祖宗的排位。过天井即为大厅，面阔三间，前廊后轩，过厅堂穿过第二座砖雕石库门，进入前住楼，花厅左侧是三间附房，平房左边为花园，花厅后面为一排七间厨房，其后有两幢七楼七底的楼房，保存较为完好，是一处清乾隆四十三年的群体民居建筑。

四宜堂。西路有前后住楼，东路有圆堂及后住楼。圆堂面阔三间，进深六界，明间后设穿堂。圆堂后面的后住楼面阔三间带两厢。西路前住楼面阔三间，圆作抬梁式。后住楼面阔二间，进深五界，内四界前廊形式。

念劬堂。该堂现有圆堂、后住屋、东住屋三幢单体建筑。圆堂面阔三间，为内四界前轩后廊形式。后住屋面阔三间带两厢，内四界前廊形式。东住屋面阔五间，进深六界，圆作穿斗式，用料较小。

仁寿堂。该堂现有门屋、门厅、圆堂三幢单体建筑。门屋面阔一间，进深四界，门第东向，将军门做法。门厅面阔三间，进深七檩，内四界前廊形式。圆堂面阔三间带两厢，圆作抬梁式。从构架特征看，门屋、门厅为明代建筑，圆堂为民国建筑。

执玉堂。该堂现有门厅、大厅二幢单体建筑。门厅面阔三间，进深七檩，内四界前廊形式。大厅面阔五间，进深六界，内四界前廊形式。内四界大梁扁作，抬梁式，边贴穿斗式。从构架看为清早期建筑，该堂的存在为研究当地的早清民居提供了优秀的实例。

查兴仁宅。现有门屋、住楼前后两进。门屋面阔三间，进深六界，圆作穿斗式。用料较小，为清末重建。住楼面阔三间带两厢。底楼副檐做法。二楼构架为内四界前廊形式。住楼前砖雕墙门字牌内镌“乾隆三十八年癸巳季春立”字铭。

民居装饰

怡燕堂。该堂现有住屋、南北边屋各一幢。住屋面阔三间带两厢，圆作穿斗式。北边屋面阔五间，进深六界，圆作抬梁式，边贴穿斗式，屋面冷摊瓦。南边屋面阔三间，进深三界。南北边屋之间为花园，院内植以桂花、含笑、枇杷、翠竹。住屋明间前墙门字牌内镌“光绪戊戌□月穀旦”字铭。

流誉堂。该堂现有门屋、住楼及边楼三幢单体建筑。门屋面阔三间，进深六界。住楼面阔三间带两厢，二楼构架为内四界前郭形式，内四界大梁扁作抬梁式，边贴穿斗式。边楼面阔六间，进深四界。从构架形式特点看，为清代早期建筑。

怀远堂。位于三山岛小姑村秦家浜西侧。该堂现仅存住楼一桩。住楼二坡硬山造，面阔三间，进深六界。构架为内四界前廊形式，内四界圆作抬梁式，边贴穿斗式。

震远堂。该堂原规模较大，现有楼厅、东西楼及附房。楼厅面阔三间带两厢，底楼副檐做法。二楼构架圆作穿斗式，内四界后双步形式。东楼面阔五间带一厢，二楼构架为内四界前廊形式。西楼面阔二间，进深六界。东侧附房面阔六间，进深六界。该堂从构架看属清代建筑。

荆茂堂。该堂规模宏大，现有单体建筑可分三路：中路有门屋、圆堂、前

民居构造

后住楼；东路有花厅；西路有前后住楼及附房。门屋面阔三间，进深五檩。圆堂面阔三间，进深七檩，内四界前廊形式。中路前住楼面阔三间带两厢，后住楼面阔五间带两厢。花厅面阔一间，进深6.5米，船篷顶。西路前后住楼大小形式基本相同，均为面阔三间带两厢。西附房面阔五间，进深七檩，正贴圆作抬梁式，边贴穿斗式。中路后住楼前牌科墙门字牌内镌“道光丙申年”。该堂是三山岛晚清时期群体民居建筑的代表，具有较高的文物价值。

秦家祠堂。据保存在祠内的《三山秦氏宗祠记》碑载，其祠由秦浩养公后裔建于清道光十二年（1832年），距今也有一百多年历史。现改建为三山文物馆，并对游人开放。秦家祠堂临湖朝南而建，与西山石公遥遥相望。殿屋三间，旁有附房九间，分别为客厅和厨房。大厅前廊后轩，前有厢房、天井，砖雕门楼，为清代中期建筑风格。厅堂上方挂“永范兰台”匾额，是为纪念先祖秦观而题。

薛家祠堂。位于三山岛桥头村，建筑面积240平方米。原是岛上薛姓家祠。该祠现有门屋、大厅前后二进。门屋二坡硬山造，山墙顶部施观音兜。面阔三间，进深六界。内四界前廊形式。内四界圆作抬梁式，边贴穿斗式。大厅二坡硬山造，顶设观音兜。面阔三间，进深九檩。内四界前廊后轩形式，圆作抬梁式，边贴穿斗式，为清代建筑。

娘娘庙（吴妃祠，太姥行宫）。《震泽编》寺观庵庙载：吴妃庙在三山。其庙始建于唐朝。明嘉靖三年（1525年）重建，由岛上善男信女随缘乐助，改为石柱建筑。吴妃祠在三山岛又被称为西施庙，原于清张大纯《百城烟水》诗云：三山岚影泛波光，石屋烟鬟韶女装，莫是西施仙后去，芳魂犹在水云间。《吴县志》亦载：昔（春秋时）有吴妃姐妹三人各居一峰，殊有灵异，山人立祠祀之。历史上三山吴妃祠屡建屡毁，多次重建。“文化大革命”中古庙被全毁，2003年三山村再次重建了吴妃祠，使之成为三山岛上一大景观。离吴妃祠不远处有蠡墅山与水葬台（又称梳妆台），民间传说蠡墅山为春秋时范蠡和西施隐居处。水葬台又名孤亭与琴台，为水葬胜玉公主之墓，也许是传说太悲凉了，后人把水葬台改成了梳妆台。

旧石器时代遗址。位于三山岛清峰岭下，文化遗存分布在长约60米，宽12米的范围内。总面积大约700多平方米。文化层厚40厘米，内涵较丰富，是一处旧石器时代晚期古人类的石器加工场地。哺乳类动物化石分布在三山岛大小姑山与大山石灰系上统船山组灰岩的裂隙层中，1985年正式发掘，出

村落环境

土的化石标本共有六个目二十种左右，主要种类有：棕熊、黑熊、鬣狗、虎、狼、鹿、牛、犀、猕猴、豪猪、獾等。其时代属更新世晚期。该遗址及哺乳类动物化石的发现具有十分重大的意义。它对研究太湖的成因、长江中下游乃至华东地区的成陆年代以及这一地区古人类历史，都具有极其重要的参考价值。同时，为研究长江三角洲太湖地区的古地理古气候的变迁，也提供了丰富的实物史料。该遗址的发现把太湖流域人类的历史向前推到了一万年前的旧石器时代，填补了我国旧石器时代遗址和更新世哺乳动物分布上的空白，从而进一步证明，长江下游、太湖流域同黄河中游、中原地区一样，是我国古文化的发源地。

北宋花石纲遗址。公元 1105 年，宋徽宗为修筑皇家园林，派人到三山岛设水牢，利用犯人采石。清代慈禧造颐和园时派清兵和民工来岛上采石，传说“宋朝采石，地平三尺”，“清宫采石，石低人荒”。如今还留下一座宽 20 余米，高 10 米，厚近 2 米的“板壁峰”，人称“中国第一假山”。

三山古街。是古代三山的集市，位于桥头自然村，古宅、民居依街而建，体现出了浓郁的江南古街特色。历史街巷（河道）总长度 602 米，其中古街长

200米，沿街有各类明、清建筑，参差错落，茶楼酒肆、石板小巷，古风遗韵特别浓郁，古街以顺济桥为中心，是古时最热闹的地方。

张家井。此井为圆井，位于三山岛张家潭东南，井壁上苔藓青绿，隐隐呈现出该井的悠久历史，井边设井台栏，井台井栏系整块青石凿成。为明代古井。

查氏义井。位于三山岛东泊村乐善堂东，井壁上“義井”二字清晰可见，字体正直雄浑，威严肃穆，井口设有青石井栏，井栏八角形，井栏侧面镌刻有“义井”字铭，为清代古井。

东泊浜湖湾码头。三山岛有大小码头6处，码头是三山与外界相沟通的唯一通道。东泊浜湖湾码头是一处利用自然湖湾人工构筑的泊船之湖湾及码头。湖湾口窄内宽，平面呈刀形。路面以青石板铺筑。湖湾两岸及浜底分别构筑青石台阶砌成的河埠。浜口以外为浩淼的太湖湖面。该湖湾形成于宋元，明清时期重修。是当地村民舟船外出之码头及泊船之港湾。

桥头浜湖湾驳岸码头。位于三山岛桥头村太湖边。该湖湾平面成长条形，湖湾两岸与底部湖岸以青、黄石叠砌成驳岸。底部及两侧驳岸有青石河埠数座。湖湾底部有小山涧一条延伸至村内。从驳岸与河埠构筑材料看，该湖湾驳岸构筑于明代，清代重修。是村民以舟船外出之码头及泊船之湖湾。

顺济桥。位于三山岛桥头村。该桥为梁式平桥，建于明代。桥较小，桥面以独块青石构成，是横跨在山涧之上的便桥。目前仍在使用。

李家桥。桥为梁式平桥，跨于荷花江山涧之上。山涧宽1.8米，深1.3米，山涧两侧以青黄石叠涩垒砌而成。该桥桥面系独块青石构成，略带拱势，桥面刻斜格菱形纹。

四、民俗文化

碧螺春。原名“吓煞人香”，是产自洞庭东山的吴中名茶，是我国十大名茶之一，原野生于东山碧螺峰，多次荣获国际博览会奖项。“碧螺春”茶名相传是清康熙帝南巡时御题。碧螺春茶制作有采摘、挑拣、杀青、捻揉、搓团、干燥等6道工序，炒制时讲究火候，揉搓时讲究体型，碧螺春成品状似碧螺，色泽翠绿，惹人喜爱，饮时香气四溢，入口回味无穷。洞庭碧螺春制作技艺于2009年6月被列入“江苏省非物质文化遗产名录”。

刺绣。明代形成了“精”、“细”、“雅”、“洁”的艺术风格。三山岛是刺绣的生产基地之一，自明代形成特色以来，部分地区“家家养蚕，户户绣花”。

刺绣分日用品和艺术欣赏品两大类，日用品有被面、帐帷、枕套、鞋面、台布及各类刺绣服装;艺术欣赏品有单绣、双面绣等品种，图案题材多样，有山水、花卉、人物、鸟禽、走兽等。

雕刻。在三山岛历史悠久，种类繁多，主要有木雕、砖雕、石雕等。木雕中还可以分为红木雕、楠木雕、白木雕等。石雕以山石为材料刻出各种精细花纹图案。三山岛砖雕分明、清、近代三个时期。明代风格比较古朴、形式为浮雕或一层浅圆雕，景物前后紧贴，多借助线刻造型，画面内容强调对称。清代砖雕风格渐趋于细腻繁复，注重情节与构图，雕刻手法灵活多变，雕刻玲珑剔透，精细入微，创造了许多卓越的艺术珍品。民国时期的砖雕，精雕细刻更富文化品位。

杨

湾

9. 杨湾

杨湾村地处长江中下游以南的太湖流域，隶属于苏州市吴中区东山镇。其地理坐标位置为东经 120°06'，北纬 31°03'。位于苏州市区西南 50 公里左右，距东、西山均相隔约 3 公里，距苏州市区 50 公里。杨湾历史悠久、文化遗存众多，是全国为数不多，在 9 公顷的核心保护区中，拥有轩辕宫、明善堂、怀荫堂等 3 处全国文保单位及崇本堂、锦星堂、久大堂、纯德堂等 4 处市级文保单位的村落，拥有控保单位 57 处，境内现保存有 29638 平方米的明清古建筑群落，形成了以杨湾古街为中心区域并向左右两侧辐射的历史街区，古街、古商铺、古民居、古寺庙、古更楼、古桥、古井等点缀其间，他们似一颗颗天女撒落的星辰，连着古村的小桥、幽巷，粉墙黛瓦，重脊高檐，仿佛在向人们默默地诉说着杨湾昔日的繁华。

村落区位图

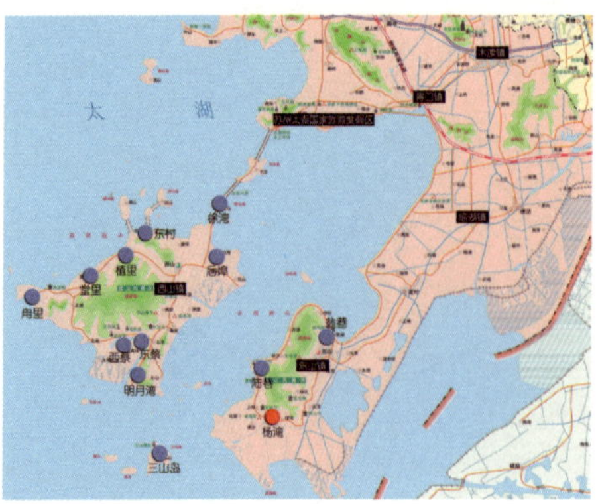

村落区位图

一、自然环境

太湖汪洋三万六千顷，七十二峰沉浸其间，为海内之奇观也。烟波浩渺之间，群岛沉浮，渔帆点点，鸥鸟飞翔，风光无限，东洞庭山景色之胜，令人悠然神往。杨湾古村就坐落在洞庭东山（即苏州市东山镇）后山西部 9 公里处，西、南面都紧靠环山公路，东、北面则与山体为邻。北倚碧螺峰，南望太湖，西北边为萁家山，东侧为王舍山，古村落完全处于群山环抱之中，四周古木参天，果木成林。清代诗人袁牧在其诗《查湾山行》(查湾为东山一个较小的水村山郭，离杨湾三里，亦为前山至杨湾的必经之路)中写道:“十里崎岖半里平，一峰才送一峰迎。青山如茧将人裹，不信前头有路行。”形象又诗意地写出了杨湾古村山重水复疑无路，柳暗花明又一村的世外桃源景象。村落内部，村庄用地与林地指状相交，融为一体，生态环境优良。

村落格局与传统建筑分布

杨湾古村大地构造属于扬子准台地——钱塘褶皱带东部，东山背斜呈45度。村落水质良好。村落位于北亚热带湿润性气候带，加上太湖小气候的调节，气候温和、四季分明、雨水充沛，气候条件优越。常年风向以东南风为主导风向，其次为冬季的西北风。

二、历史传承

杨湾原是太湖沿岸的古港湾，历史悠久，文化灿烂，在东山历史发展上具有很重要的地位。杨湾村名的由来大抵是因为临近的湖湾名叫杨湾。据民间流传，清代思想家、大诗人龚自珍游历东山时曾认为“东山的以湾名代村名很有特色。屯湾者，当年义军积草屯粮；杨湾者，码头上多杨柳”。

早在一万五千余年以前的旧石器时代，这里就有人类祖先的大规模活动，这从杨湾附近出土的大量旧石器时代的陶器碎片可以得到印证。春秋战国时期，杨湾为吴国步兵驻地，名臣伍子胥就是在这里迎接自己的母亲的，因此时人建了胥王庙用以祭祀。杨湾古村与该庙的兴建、兴盛关系密切。唐贞观二年（628年）始建杨湾庙时，杨湾港水位泊近老街，其时的前后山主要通道均依山坡而筑，临太湖而建。随着人口的繁衍和山坡淤泥的冲击，沿湖港口逐步向太湖延伸。宋高宗赵构于建炎元年（1127年）渡经太湖时，向胥王庙祀求而得平安渡湖并其治庙宇。由于皇帝赐命重修，伍子胥又授加封，杨湾庙香火顿时兴盛起来，老街成了朝拜伍子胥的香客和达官显贵们的中转之地，车、船云集，市容渐兴，至明清时期形成了以张、周、陆、叶、朱、杨、翁、姜、施、居、金、王等氏族大户为主的杂姓聚居村落。从元、明、清直至民国，杨湾一直是东山镇后山重要的水路交通枢纽和政治、文化、经济中心。在行政划分上，杨湾古村秦代

村落俯视图

归属吴县始，先后隶属湖州之乌程县、苏州府太湖厅、太湖区行政办事处、震泽县等。杨湾古村民国时期曾是杨湾镇公所所在地，后为第一区（东山区）政府和杨湾镇（乡）政府驻地，1958 年起先后属洞庭公社、东山公社，1980 年起为东山公社（镇）杨湾大队（村委会）驻地。

三、村落形态

杨湾古村落背倚巍巍青山，南望烟波太湖，周围山环水抱，峰回路转，环境清静幽雅，自然生态得天独厚，是一个背山面水的丘陵山村。杨湾古村位于东山后山的一个浅坞内，背靠碧螺峰，再远处有东洞庭山主峰莫厘峰，西为萁家山，东侧为王舍山，形成三山环抱之势，南望太湖，符合古村落选址风水要点。

湖中还有小岛作拱卫，居住环境堪称一流。著名旅沪商人朱润生有诗云："故乡家在上杨湾，绕屋流泉夹道山。可惜安闲居未得，一年细数几天还。"古村的安恬闲适与都市繁华自有云泥之判，小住其间，摒绝外物，不必药饵，自然长生，让人生出退隐归田，一享清风明月之意。杨湾古村位于东南向开口的山坞，

村落局部鸟瞰

民居俯视

村落民居

村落民居

冬季寒潮被古村北面的山峰阻挡，坞内不受寒潮影响，水热条件良好。村落依山麓而建，总体地势高于太湖水面，与太湖岸相距百米，既方便村民出行、村落用水，又能提高抵御外来灾害的能力，村落选址独到。村口有湖湾码头，湖水较深，方便渔船停泊靠岸，这给环太湖以渔猎为生的村民提供了生产和出行的便利。村落的形态是由住宅用地、耕地、林地及河川、道路等共同组成的。

从村落布局可以看出，杨湾古村外部形态受自然条件和土地稀少的制约，村落规模不大且布局紧凑，亲水特征十分突出。村落在山脚地势较平缓处布局，以东北角度向西南方向的前后山主要通道为轴线，偏北又由杨湾向陆巷的古道延伸，呈“L”形布局。为了取水和出行方便，村居又多沿湖而筑，同时为了防备水患和匪盗，村落距湖岸有近百米的距离，增强了安全性。近年来，由于土地资源的紧缺、水患的治理以及地方经济的发展，村落逐渐向湖边布局。从村落内部形态上看，杨湾古村具有明显的人为规划的痕迹，表现为点、线、面有机结合的形态特征。所谓“点”，可以归为景点、节点、中心点三类：景点指村落独特的自然和人文景观，在杨湾古村，橘林、银杏林与民居交相布置，移步换景；重要街巷交接处形成的广场节点，是村民日常生活所必需的公共空间，杨湾古村入口处巷道十字相交形成一片宽阔的浜场，是村民聚会、歇脚的主要空间；中心点指村民心目中的村落中心，多是一组重要的祠堂、宗教建筑，在杨湾古村，位于村口的刘公堂是全村的中心，每逢初一、十五村民都要到此烧香祈福，寄托村民的美好愿望。所谓“线”，是指清晰的水系和道路骨架：杨湾古村内有完整的明沟暗渠水系，雨季时能迅速排除积水，靠近水系分布着池塘，民居内有水井，“千宅一水通”，将整个古村连成一个整体。道路系统与水系紧密叠合，纵向以一条 1461 米长的古街贯穿全村，骨架十分明确，街道界面完整连续。两旁民居林立，高墙四起，古朴而恬静，街面两侧青石咬口路面均以小青砖侧砌铺设，并有不同花纹，连接着朱家巷、六扇巷等南北、东西向的街巷 28 条，明清建筑依街而建，整个村落呈“鱼骨”状格局。所谓“面”，是指村落由于规模的不断扩大，其布局突破线性村落的模式而形成团形村落：杨湾古村在形态演变中由线性模式向两侧纵深发展，形成网络状的道路系统。

太湖地区属亚热带季风气候，潮湿多雨、四季分明，木建筑又常遭虫蛀霉变，加上天灾人祸，木制古建筑极不易保存，因此该地区留存下来的民居多为明清时期的砖木结构。2011 年底，杨湾村村委会对古村中古街两侧的明、清建筑和民国时期建造的民居进行了一次摸底调查，共查出有 64 幢，共计 14863.3

轩辕宫

轩辕宫俯视

轩辕宫建筑构造

轩辕宫建筑装饰

轩辕宫建筑装饰

轩辕宫鸟瞰

平方米的古建房屋，其中，明代建筑 10 户，2613 平方米；清代建筑 39 户，7489 平方米；民国建筑 15 户，4761.3 平方米。建筑群落保存较为完好，艺术价值高，但仍有相当数量的历史建筑有不同程度的损坏，完好率不足 30%。古村古建正在以不可逆转的速度消亡，因此对杨湾古村中的古建筑以及其背后的文化价值进行详细的研究具有重要意义。

清人姚承祖对吴地民居的平面布局方式这样总结："吴中住宅平面之布置，自外而内，大抵先门第，而茶厅、大厅、楼厅，每进房屋均隔以天井。楼厅以后，或临街筑墙，或辟园囿。凡在正中纵线上之房屋，谓之正落。两旁之建筑物，称为边落。边落则建花厅书厅，其后建厨房和下房。"

通过对杨湾现存部分明清民居的实地考察，同时结合宗谱、县志等文献的记载，我们发现，虽然每所宅第的等级、面积各不相同，但平面布局的原则基本如《营造法原》所述。杨湾古村中的民居建筑建造年代较早、保存较好的主要有明代的明善堂、怀荫堂，清代至民国的民居建筑保存数量较多，品质较好，如崇本堂、锦云堂、遂祖堂、康德堂、务本堂等。

轩辕宫。是东山驰名的古建筑，也是一处道教古迹。《东山镇志》第二十九卷杂记中说："最早的古庙——轩辕宫，亦称杨湾庙、胥王庙、灵顺宫，它的创建年代，据碧霞之君祠内额坊下记载：'鸱夷藏日，庙祠随兴，至南朝宋元嘉二年（425年）己丑春重建。'唐时修缮，宋时再修，元时增建，明时复修，延至今日。"按上述所说，东山胥王庙建创年代久远，是太湖中唯一的胥王庙。轩辕宫位于杨湾古街西北端濒临太湖的蒉家山麓，当地人称为"杨湾庙"，始称"灵顺宫"，奉祀春秋时期吴国大臣伍子胥，因此亦称"胥王庙"。后高宗南渡，求祷于胥王庙后，得以风浪平息，船队顺利通航，从此，人们称之为"显灵庙"。元朝末年红巾起义，庙因战乱被毁，明朝初年（约1369年）由里人王万一出资重建。至弘治及嘉靖十九年（1540年）进行大修。至清顺治十二年（1655年）经里人席本祯大加修缮，以后历朝历代都有修缮。直到民国初期，正殿改祀黄帝像，才更名轩辕宫。轩辕宫是杨湾古村的明珠，是杨湾古村三处全国重点文物保护单位之一，是苏州太湖地区仅存的元代木结构建筑，整个江南地区也存量极少，弥足珍贵。轩辕宫背山面湖，地势极好，殿堂居高临下，面对太湖，置身殿前，举目眺望，湖光山色，尽收眼底。

明善堂。位于杨湾古村的原上湾自然村，在现在古村的中段，是一座艺术价值极高而又富丽堂皇的民间住宅，建于明末清初，为典型的明代官僚住宅，据传为清顺治进士张延基故居。明善堂意为"明德曰善"，由门厅、大厅、花厅、书斋、住楼、庭院等组成，古朴精美典雅。明善堂房屋临街而筑，四周均有砖墙包围，平面布局分两部分：东路是主体建筑，有花厅、大厅、住楼、厢房以及左右备弄等；西路有墙门、耳房、佛楼、客堂、花园等。各进建筑之间都有天井、石库门、塞口墙相隔，故大小天井多达16个，以提高建筑

刘公堂

三元宫

上湾古道

舒适度和解决防火防盗等问题，同时也起到了分隔空间的作用。在建筑构造上，大厅的次间和梢间各立山柱，砌筑山墙，使其成为不相连接的两个部分，隔断的目的，也是为了加强宅院的安全。杨湾古村临近太湖，旧时湖匪横行，富有人家建造宅邸总要起到抵御湖盗，保护家人、财产的功能。明善堂正厅是整座古建的主体，面阔三间，进深八柱十架十三檩，前后做翻轩，平面略呈现正方形。山架梁上用透雕“云雾山中”图来装饰美化,梁、檩、枋、山垫板上均绘有苏式彩绘。内柱成圆形，上施护斗，下垫圆形木鼓，下再设荷叶形磉石，防潮防蛀。建筑高大，方砖斜角铺地，地基高出地面石阶三级，阶沿石均为青石。厅前长窗取用方格，状若星斗简洁大方。大厅前的门楼与西侧照墙是明善堂装饰的精华部分，也是苏南地区明代砖雕艺术杰出的代表。砖雕石库门楼的立面处理内外不对称。朝外一面装饰较简朴，砖雕门罩作单披“道士顶”。朝里门楼比朝外的一面做工考究，精雕细凿，圭角纹饰，浅雕如意曲线优美流畅，飞檐翘角、气宇轩昂，宛若牌坊，为明善堂的主要装修所在，其雕刻之精，在江南地区明代建筑中是唯一的。正中牌匾空白无文，寓意“璧白无瑕”、“无字天书”，似即“仙境”。门楼、兜肚、天满石上都雕有各种鲜花图案，栩栩如生。

怀荫堂。位于杨湾古街西侧，建于明代晚期，内有将军门、皮条脊门楼、雀宿檐等三宝，2006年公布为全国文物保护单位。怀荫堂虽规模不大，但房屋布局、结构均十分合理，三间门屋为结构简洁的皮条脊门楼，砖刻朴素无华，门楼上有小巧照壁。楼屋面阔三间，进深七檩，是怀荫堂的精华，楼下出檐较深，很有特色，檐柱上出一斜撑支承挑檐枋和檐檩。怀荫堂精巧的布局，体现了明代中期建筑风格。

崇本堂。位于杨湾古街，该宅原规模极宏，现存门屋、住楼、东楼及更楼。门屋面阔五间，进深6.1米，构架圆作穿斗式，住楼面阔五间带两厢，进深8.8米，构架圆作抬梁式，门屋、住楼、附房、更楼均为晚清建筑。2005年公布为苏州市文物保护单位。

纯德堂。位于杨湾张巷自然村，建筑面积1154平方米，该堂规模宏大，分东、中、西三路并与备弄相通，东路有花厅、书房，中路有轿厅、大厅、住楼，西路有书楼，该堂内脊梁施彩绘，住楼前院正墙正中设砖雕门楼。纯德堂营造精良，是东山地区晚清时期群体建筑的优秀代表作，有极高的文物价值，2009公布为苏州市文物保护单位。

晋锡堂。位于杨湾上湾自然村，面积480平方米，清代建筑，现有建筑一路三进，后楼面阔三间，构架为内四界前廊形式，门楼雕刻细腻，第三进两厢房内的地板为整块长方形木板铺成，在苏派建筑中极为罕见。

猛将堂。位于杨湾古街，该堂面阔三间，进深10.5米，为内半界前轩后一步形式。据道光《苏州府志》载苏州刘猛将庙有五，其中之一在洞庭东山杨湾。它的存在为研究当地的人文风俗提供了有用的实物资料。

震泽底定桥及碑。位于杨湾石桥自然村，桥始建于南宋绍定年间，桥为梁式平桥，架于山涧之上。桥长4.7米，宽4.2米。由五块长条石铺成。“重铺坪磐官路记”碑，青石质，高95厘米，宽42厘米，乾隆五十二年八月立，记述了桥及官路的始建年代及重修过程。旁有义井一座，井口上部有青石质八角形井栏，井栏侧面镌“义井”两字铭文。该井属明代之物。

巷门。杨湾旧有“三街六巷门”之说，至今仍保留有数座巷门。巷门主要是出于安全考虑而设置的。明清时期村中的男人大多外出经商，留守家中的以妇女、老人、孩童为多，晚上巷门关闭，安全系数也就高了，犹如当今社区设门卫保安一样。看巷门的人，有的是巷内派人轮值，有的共同分担雇佣专人管理。杨湾古村中小巷纵横交错，有的地方并列有好几条巷，小巷两侧高墙巍巍，巷门连接一片房屋，视觉效果好，也起到转换空间的作用，比如南洋里一条巷

巷门

中就有 3 处巷门，临古街的巷门上甚至还保留有更楼。这些巷门都在小巷与古街相接的地方，而古街将这些小巷串联起来，既提高了安全性又方便村民们联系。在古村的南北两端也设有巷门，现在杨湾浜场处的巷门仍然存在，而北侧的巷门已经无存。北侧的巷门原是杨湾古村的标志，也是古村通往轩辕宫、陆巷的必经之路，名六扇巷门，因为临近巷门的巷弄叫六扇巷。六扇巷门叫作巷门，其实是一座路亭。路亭是旧时乡间建筑在路旁供人休息的小亭。古时在驿道和主要大路上，每隔三五里便有跨路而建的路亭，供行人歇脚、躲雨、乘凉。有些还在亭内设置茶水，免费供行人饮用，亦叫“施茶”，因此路亭也叫茶亭。六扇巷门的始建年代已不可考，根据村民的描述，巷门呈四方形，约四五平方米，高约 5 米，有 3 个门洞，分别通向东、西、南，临山的北侧为实墙，门洞约 3 米，比一般的巷门都高，这是为了进出的达官贵人的轿子不会碰到门楣。巷门有顶，为两面歇山屋顶。现在六扇巷门已不存。

更楼。有巷必有楼，这个楼不是居民住宅楼，而是更楼。杨湾古村至今仍保留有一处更楼，位于上湾 79 号西侧。该更楼沿街而建，二坡硬山造，面阔一间，进深 2.7 米，二楼构架圆作抬梁式，船篷顶，二楼前开有方形木窗。原来底层巷门临街面有门。后部敞开，可通小巷，从结构上看属于清代建筑。更楼专供看门人休息、住宿用，负责看管的人既负责巷门的定时开、关，又负责晚上敲更，边敲更锣边高喊火烛小心，以防火烛和盗贼。

水龙间。杨湾古村街西有清代建筑水龙间，位于六扇门巷的最西北段，靠近六扇巷门旧址，现属于私人，部分损毁。水龙间又称洋龙间或救火会，是一种民间的消防组织，名称都含有水和龙，意为龙能取水，水能灭火。《西游记》里龙王的龙宫都是在水里，古语也有“大水冲了龙王庙，一家人不认识一家人”的说法,同时也寄托了人们对避火平安的良好希冀。旧时水龙间中有水龙、水桶、水枪、斧头等，人们一般称之为“太平龙”、“太平桶”、“太平斧”。当时的救火员大都是由村民中热心公益的志愿者充当，完全义务，不拿报酬。以前发生火警时用锣声作为讯号，救火结束了，也要敲锣。救火水龙在不同时期有不同的形式，最早仅是一只大木桶，中间装抽水、吸水装置，上面横装一根大木棍，左右两边可上下揿动，利用杠杆作用把水吸入、喷出，喷口装皮带、水枪，能将水射得很远，浇灭火苗。大木桶内的水是消防队员用小水桶从河中提来倒入的。后来，救火水龙出现了半机械化装置或机械装置，最后又用油类燃烧作为动力。而现在古村中的水龙间已经退出历史舞台了。

四、民俗文化

猛将会。旧时苏州民间的宗教信仰极盛，民众对神祇、佛像都倍加敬畏，唯对猛将老爷的塑像却是例外，和悦可亲、又可嬉弄无忌，每年春秋两次苏州四郊农村都要祭祀，列队出会巡视一方本土，既保丰年又保平安，然东山猛将会既有大众之习俗，又有其独特的风格风情。东山的猛将活动已有 800 多年的历史了，至今还久盛不衰。传说中“猛将老爷”是驱蝗之神，是南宋抗金名将刘锜。又据说猛将姓刘，是个苦孩子。母亲死后，父亲续娶后娘，后娘刻薄，处处刁难，用被牛蹄踏扁的蚕豆叫他种，种活了；又用炒熟的黄豆叫他种，他又种活了。后娘见难不倒他，就在父亲面前挑唆。冬天，给她的儿子穿丝绵，给猛将穿芦花。父亲回来问儿子冷吗？小儿子说不冷，猛将说冷。后娘说他装腔作势，父亲怒，打他，衣服扎了个洞，飞出芦花。父知续弦不贤，要休后娘，猛将劝说：“娘在一子寒、娘去二子寒。”后来猛将住到乡下东山金湾外婆家。一年蝗虫灾害，猛将驱赶，被赤豆藤绊了一跤，跌破了头，至今刘猛将的头上裹缠红布，猛将供桌上的供品，不用赤豆，而用

更楼

上湾古道

豇豆。后来他当上将军以后，作战勇敢，封号“猛将”，灭湖寇，灭蝗虫，保一方平安，人们因此纪念他。东山猛将之多胜于他乡，不仅村村有甚至家家亦有，全山大小猛将要以百计数。秋季、水稻抽穗期都要抬猛将出巡，驱虫消灾，确保丰收，由各村组织绕村巡视。猛将还会在正月上半月出会，规模之大，是空前的。从正月初一到十五，几乎天天都安排小猛将、中猛将、大猛将先后交叉出行，到正月十六，猛将堂前演戏酬神庆贺丰收，猛将会期结束。猛将会除驱虫消灾庆贺丰收之外，东山还有特定的保疆固土之举。据新编《洞庭东山志》载：东山出“猛将会”时排场甚大，有仪仗先锋冲锋帅旗，接着是“护国佑民、风调雨顺”等祝祷旗帜，后面是锣、伞相间，少则10余顶多则上百顶，锣、鼓声震天动地，伞后由四人抬或八人抬的神像大轿，神后为大纛旗，少则8~10面，多则数十面。一般经过殿泾港等无阻碍之道路，擎着大旗者扬旗奔跑，数十面、数百面红黄相间的大旗迎风飘扬，加上震天动地的锣鼓声，热烈而又壮观。

荷花节。农历六月二十四是东山镇一年一度的荷花节，人们汇聚依山傍水的避暑赏荷胜地，通宵达旦，彻夜不眠，敬奉菩萨，以求风调雨顺。每年的这个季节，自发而来的数千名群众都会在葑山寺进香并参加庙会活动。当天，各村还要把两只大水船合并起来，架上木板，抬出大猛将，过两岸荷塘一直到金湾涧桥龙头山嘴，远道一点的要驱车前往。一路上放炮仗，敲锣打鼓，吹吹打打，非常热闹，村民都会参与其中，打扮成各种传统人物，吹拉弹唱，举行各式文娱活动，平时黛色水乡里，增加了一道浓彩的风景。天还没有放亮，东山镇上通往龙头山的一路上，家家户户摆好了供桌，等待当天荷花节时各村的队伍经过，供品没有特别的规矩，总是选用时令的、最新鲜、最时髦的来供奉猛将老爷，似乎是要让神仙也感受到老百姓的生活。这一天除了东山本地人，还有渡村、横泾、浦庄等地村民赶来烧香赏荷，还有许多坐车赶来的外地香客。不少人六月二十三日就到龙头山，山上山下，船内船外都是成千上万的人群。在大殿前的广场，高大的香樟树下，摆满了小吃摊贩。船上大都准备糕点小吃，吹箫弹曲，鼓乐声声。时当盛夏炎暑，荷花盛开，香气四溢。游人一边赏荷一边纳凉，十分惬意。而山上人山人海，摩肩接踵，香烟袅袅，烛火通明。凌晨四时多，天边刚泛起鱼肚白，东山各村的民众就会纷纷赶至龙头山葑山寺庙烧香，各个村抬猛将的队伍也从水陆两路浩浩荡荡向葑山寺开进，赏荷花、赶庙会。水上、路上一时锣鼓声声、鞭炮震天、人声鼎沸。猛将老爷经过之地，人们都会虔诚祭拜，包括路人，也不会怠慢，以求风调雨顺。

出台阁。台阁是东山独特的民间文艺，约源于清代中期，盛于民国年间，一般均现于城隍会出行中，非常吸引观众。东山台阁的起源，据说还同禁赌有关。清代中期，国家较为安定，农村亦连年丰收，生活无忧。于是在农村赌博成风，官府禁了几次效果不大。东山一些有识之士，几经商议，制作成了台阁，逢年过节，在大街上敲锣打鼓，招摇过市，吸引了许多人，赌博明显减少，从此台阁表演一代代传了下来。东山台阁均由真人装成，颇具情趣与欣赏价值，所扮演内容均取自群众喜闻乐见的戏剧故事，由 8~9 岁左右孩童扮演，每只台阁一般由 2 个孩童（亦有 3 个孩童）扮演，均择有男女角色的剧情。台阁的制作与扮装极具技巧，先是在其木座上特制一铁杆，高 3 米。其根生于座子中，上下两节，用榫头衔接。上下铁杆上各吊一小椅，仅容演孩坐下，用整幅布将演孩下半身连椅紧紧包裹，因小铁椅是吊着的，虽被裹紧，但未固定，仍能晃动，不觉呆板，上下演孩面部化妆后，均穿上装有假脚（着靴或戏鞋）的裤子，再穿上戏装，女的还系上彩裙，打扮得与成人相似。下面的铁杆弯曲从男孩戏衣袖中伸出，贯穿于道具中，衔接上面女孩一只假脚中的铁杆相合榫，在水袖、裙幅等巧妙掩饰下，远视极像一脚踏在道具上，一脚悬空，既惊险，又飘然自若，甚为精彩，旧时，东山几乎村村都有台阁，前后山有上百只左右。因为出台阁时需要一套很完整的服装，每个台阁都有一个悠久的历史故事。每年至春暖三月，离赛会1个月光景，便开始出台阁。事前先以锣鼓在街上敲一通，意即让两旁店铺、住户，有“抢水”、“凉棚”赶快拆掉，以利台阁通行。大家听到要出台阁，无不乐于响应。第一只台阁上街后，其余各村纷纷响应，于是台阁一天多过一天。每天午后，大街上锣鼓声此起彼落，装着各种戏剧的台阁你来我往，川流不息，观者云集。亦有人组织“台阁聚”，宴请宾朋于一处，聚10~20只台阁，尽情观赏，事毕赏每只台阁糕点等物。出台阁持续近一个月，至赛会那天，按最初出的日期之前后，排列先后次序。施巷村的“浪子游春”，俗称“老一百”台阁排在首位，成为例规。台阁在赛会日为最高潮，后农事渐忙，出台阁告歇。时东山上百只台阁，只只独具匠心，道具创特色，称之为“出彩”。曹坞村的“十字坡”（即武松打店）、叶巷村的“借茶”、渡水桥的“水漫金山”（演者3人，俗称“三跷翘”）、西坞村的“比武招亲”、殿前的“珍珠塔”、诸公井的“天台遇仙”，只只新奇惊险。还有“落金扇”、“珍珠塔”、“玉簪记”、“拾玉镯”、“昭君出塞”、“白水滩”与“卖油郎独占花魁女”等台阁也争奇斗胜。东山百来只台阁，绝少雷同。东山台阁并非每年都出，也从未出全过所有台阁。一般几年才出一次，每次多则50~60只，少则仅几只。因台阁几年才出一次，故这一民间文艺活动在东山亦为大事。进入21世纪，东山台阁这朵艺术之花，正展开新蕾，茁壮成长，以其独特的制作、精彩的表演，吸引了四面八方的人前来争相观看，东山台阁已名扬四方，成为吴中民间艺术的奇葩。

城隍会。旧时每到农历三四月间，东山有出城隍会之举，祖代相传，流传数百年，未曾间断。东山前、后山共有五尊城隍神，即襄公庙之水平王、殿背后之忠安王、鹅潭头之武乡侯、金家湖之威灵侯和后山杨湾庙之汤斌。前山四尊城隍，按例每年出会只出一尊，每四年轮到一次，后山则年年为汤斌。出会之日，仪仗是由各自扮演，各献杰作，以显身手，行头道具，鲜艳夺目，炫耀气派。节目众多，堪称一年一度自发的民间文艺大汇集，故被当时人民群众所喜爱。扮演的大型戏文，东山人称“五方”，有“梁山一百零八将”、“侠五义”、“铁公鸡”等，其特点是只奔跑，不演唱，一手扯开戏装衣襟，迎风飘拂，一手所持武器铿锵有声。小型戏曲有“孟姜女过关”、“活捉张三郎”、“烟花女子告阴状”、“王魁负桂英”等，皆边走边唱边演。还有龙舞、台阁、莲湘、高跷、荡湖船以及江南丝竹也都在城隍会中呈现。按东山传统惯例，出城隍会分前山、后山，即前山出给后山看，后山出给前山看。一般先由前山到后山去，隔日后山出到前山来，双方之仪仗、文艺队伍要互相迎接，时前山、后山两支队伍并在一起，首尾相接足能排满东山数里长街，气势恢宏，内容丰富多彩，观者万人，每个节目自由观众品评一轮。此时不仅是人与人、村与村之间斗胜，而且是前山、后山之间比优劣，或以行头艳丽受称赞，或以唱功演技得好评，更有别出心裁、出奇制胜而得人称赞。东山城隍会，出于民间自发，其盛况在乡村中属少见。出会的愿望是祈求“风调雨顺、五谷丰登”。城隍会在三四月间举行，正值农事未忙之际，既丰富了山民的文化生活，也促进了前、后山的交流，沟通了山民的感情，使出外经商的东山人更团结，更具地域乡情。

陆巷

10. 陆巷

陆巷村位于江苏省苏州市吴中区东山镇西部的太湖之滨，背山面湖，历史悠久，南宋时建成村落，是明代正德年间宰相王鏊的故里。陆巷古村由一街（明代紫石街）、三港（寒山港、陆巷港、蒋湾港）、六巷（康庄巷、文宁巷、韩家巷、姜家巷、旗杆巷、固西巷）和30多幢古民居组成，面积11.10公顷。古村内保存较为完整的明代建筑有19处，面积6182平方米，清代建筑15处，面积11514平方米。陆巷村是苏州地区保存最完好的古村落之一，在建筑、文物、艺术上具有珍贵的历史价值。

一、自然环境

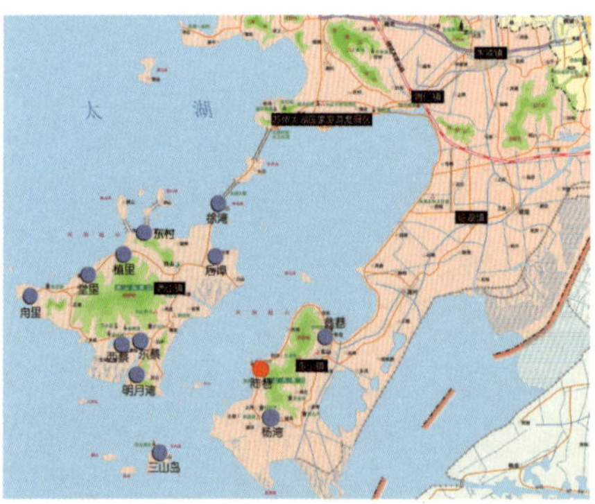

村落区位图

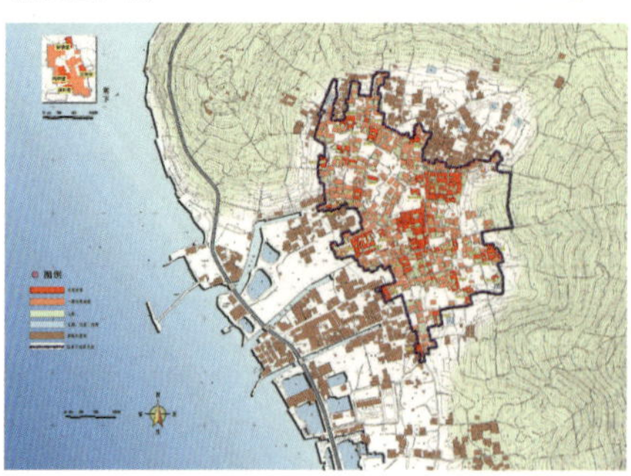

村落格局与传统建筑分布

陆巷属亚热带季风气候，受太湖小气候调节，四季分明，温暖湿润，日照充足，气候宜人;土地肥沃，资源丰富。

从村落外围的自然环境看，东邻虾蠓岭，南对东太湖，西嶂北箭壶，北依寒谷山，使古村落完全处于群山环抱之中，而且村落与太湖岸相距有数百米之远，使得村落隐在林中。这自然提高了抵御外来灾害的能力，具有独好的风水。陆巷村的北面是寒谷山，山石嶙峋，峰岭逶迤，是观赏湖光山色的佳处。“寒山落照”是东山古八景之一，每当夕阳西下，一轮红日缓缓西沉，红光闪耀，无比壮观。

陆巷古村的选址属于湖湾与山坞相结合的类型。由于山坞是一个相对封闭的空间，营造出向心聚合的空间环境，

村落俯视

有利于抵御外敌的入侵，同时由于古村所处的山坞地势相对较高，可以有效抵挡太湖洪水的侵袭。古村湖湾附近的岬口是属于侵蚀地形，湖水较深，有利于渔船停泊靠岸，便于古村居民在太湖以及附近的大小湖泊从事渔业活动。由于陆巷是位于西南方向开口的山坞，当冬季冷空气南下时，需先经过太湖水面，与此同时又被山谷阻挡一部分，真正到达村落的寒潮已经减弱许多，受到太湖小气候的影响，古村四季分明，温暖湿润，热量水分较为充足，较为适于农作物的生长。

陆巷古村在选址的过程中综合考虑了多重因素，概括言之，是古村先民们充分尊重自然法则，根据天然的地理条件顺势而就，依山面水的先天地理区位以及优越的气候条件成为古村先民从事空间实践活动的理想场所。

二、历史传承

陆巷兴于南宋，宋代为王氏世居之地，故名王巷，后因王鏊曾祖父入赘于陆家，遂改称陆巷。元代后期，王彦祥归宗恢复王姓，而陆巷之名未变，其原因是王彦祥到陆家后逐渐形成了 6 条横巷的村落格局，在苏州方言中“六”与“陆”是不分的，陆巷之名就得以流传。

中华人民共和国成立之初，陆巷为后山乡政府所在地，1979 年，环山公路通过陆巷，1984 年建造陆巷码头，成为通往西山岛的主要渡口，时村内有

村落局部鸟瞰

街巷

商店、饭店 20 余家，村民主要靠花果、碧螺春茶为主，还有部分从事渔业以及“农家乐”饭店经营。

陆巷村地灵人杰，名人辈出。仅王氏和叶氏两族，在明清两代就出了 1 名状元、1 名探花、11 名进士和 46 名举人。近代和当代又出了 3 名中科院士。明代王鏊探花及第后，官至户部尚书、文渊阁大学士加少傅兼太子太傅，是事实上的宰相；进士王禹声在承天府知府任上，政绩卓著，入祀苏州沧浪亭吴郡名贤总祠；王世琛清康熙年间又高中状元。

三、村落形态

陆巷村属于山坞与湖湾组合式布局，山坞的坞口面向湖湾，整个村落沿山坞等高线呈线状布局，平面形态呈“马蹄形”。水作为江南水乡不可缺少的灵魂要素，奠定了整个村落的骨架，街巷顺应河道布置，而村落伴随河道伸展，在村落形态上呈“指状”分布，有着江南水乡传统村落的典型肌理特征。

在街巷系统方面，陆巷古村主要由一街和六条古巷组合而成，街巷宽窄不一，空间上曲折变化，至今陆巷仍保留着一街（紫石街）、六巷（文宁巷、康庄巷、韩家巷、姜家巷、旗杆巷和固西巷）、三港（寒山港、陆巷港和蒋湾港）的明清村落格局。紫石街分别与村落入口和太湖引入的水港相连，六巷则自寒谷山顺山而下，分别与一街顺序相接。街巷中一口口古井造就了小小的井台空间，这些空间或凹入街巷的一侧，或镶嵌在街巷的转角处，不仅是人们平日汲水、淘米、洗菜的地方，也是村落中不可多得的交往空间。井台空间打破了街巷曲折、狭小、单调的感觉，丰富了街巷空间景观。陆巷村山坞与河湾的选址布局，在空间上形成一个相对独立的单元，隐蔽性较好，有利于营造向心聚合的空间环境，山坞坞口起走廊效应，有一定的安全防御性，且山坞地势较高，有利于避免太湖水的入侵。村内街巷宽窄自由变换，巷道十字交错，民居建筑依山就势布置，道路错综复杂。这样的空间形态非常有利于安全防御。

陆巷村的明清建筑数量之多、规模之大、质量之高、保存之完整，在江南独占鳌头，是苏州市保存最为完好的古村落。现有明代建筑 19 处，面积 6182.2 平方米；清代建筑 15 处，面积 11514.3 平方米；民国时期建筑 13044.7 平方米。至今村落内大部分建筑保存完好，单体形制多样，这也在一定程度上反映了江南地区明清时期的民居风貌。

古村内民居既具有江南地区苏式民居的典型特征，又具有独特的太湖流域

宝俭堂东园

宝俭堂俯视

宝俭堂鸟瞰

宝俭堂庭院

宝俭堂西园

宝俭堂建筑结构

地域建筑艺术特色，外观宏伟，粉墙黛瓦，造型轻巧，色彩淡雅，内观华丽，梁架工整，装修洗练，彩画富丽，雕刻精致，体现了当地劳动人民精湛技艺。其建筑属江南抬梁、穿斗式木构建筑体系，檩、梁、柱节上紧密配合，坚实牢固，拆去砖墙可抬起位移，且具有很强的抗震性能，有的已历经三四百年，梁架结构依然完好如初；其建筑材料所用砖瓦，都是当地粗细适当的黏土烧成，色彩一致，强度高，耐腐蚀，选用优质杉木、楠木、柏木制作梁架。

遂高堂建筑结构

怀古堂庭院

其建筑格局以多进院落式布局为主，开间宽阔，院落方整，遵守社会时代礼制。建筑主体一律朝南，一般为三到五间一进，少则一进，多则四五进，依一条轴线南北依次而建，楼、厅、堂斋多长门短窗，轻盈疏透。两进间用围墙连接成天井，构成一个个小院落，宁静怡人。天井小，占地少，又满足采光、通风、排水等要求。其平面布局自外向内，大抵先门厅，后茶厅、楼厅，每进房屋均以天井隔。楼厅以后，或临街筑墙，或辟园圃，在正中纵线上的房屋称为正落，两旁称之为边落，一般边落建花厅、书厅，其后建厨房和下房。

结构：一般采用穿斗或抬梁式框架木结构，檩、梁、柱节点紧密配合，坚实牢固。建造时先竖屋架后砌墙。柱头有卷杀，柱下垫木础。墙体只起挡风避雨和分隔空间的作用，如果拆去砖墙，能把整个屋架抬走，具有很强的抗震性能。同时严格遵守定制，不论主人官阶多高，资财多富，一律三间一进，结构五架梁，为增大室内的进深，就在五架梁前后加一个轩廊或一个单步梁。

墙体：民居的外墙用空斗砖墙二顺一丁包皮砌，外用石灰粉刷。墙基制作讲究，下作防水处理；拐弯处折去墙角，拐角抹边。俗称“左右逢源”，主要是为了方便行人行走和生意人挑担转弯；由于临湖风大，建筑物多采用硬山式封火墙处理手法，既防风又防盗。

屋脊：主体建筑的正脊以砖瓦叠砌，两端做成纹头或者雉吻的脊形，由于屋顶出檐较大，在立面上看屋顶颇为陡峭，但在透视效果上非常适度，给人轻快的艺术效果，次要建筑的正脊以瓦斜铺而成，比较简朴，这样主次分明，突出重点。

大门：门墙一般外部简朴，内部饰以精美砖雕，雕以渔樵耕读、三国戏文、五福捧寿、吉祥如意或以图案构成某地吉祥之意，如“笔、锭、柿、橙”图案暗喻“必定事成”等，匠心独运，异彩纷呈。门框宽大，大门厚实，出于防盗抗匪，门扇铆钉外挂石鼓，板面丝丝，做工精致。大门外大多装刻有花纹的石鼓，石鼓之上安大门，防潮又防盗。

牌坊鸟瞰

牌坊

古渡口

村落入口河道

雕刻及室内装修：其装饰手法以砖雕、木雕、石雕以及彩绘为主，其题材多为祈望五福祥瑞的民间传统题材，内容有花卉、鸟兽、人物、戏曲等。明代风格简洁古朴，清代风格繁琐细腻。建筑装饰又以门楼为重点，向外朴素简洁，内向丰富细致，梁架木雕较少，多集中于构件交角处，梁体本身多为素面，极少雕刻，大厅的重点梁椽中间施加苏氏锦袱彩绘，大户人家的梁椽于彩绘时夹杂金粉以示宅第富丽。

陆巷村在最兴盛的清代中期，全村有建筑规模较大的厅堂 72 座。历经悠悠岁月，如今保存完整的明清建筑有惠和堂、粹和堂、遂高堂、三德堂、仁寿堂、双桂堂等近 10 座。残存的古宅有明代所建的晚山堂、见三堂、鸣凤堂、味玉堂、惟善堂、敦雅堂、东山草堂、鸿门里、春庆第、唐三景和清代建造的仁和堂、怀德堂、善德堂、树德堂等二十多座。

怀德堂。在陆巷紫石街北，王家祠堂斜对面，建于清代。原为王姓祖传第宅。后售于周氏，又卖给袁氏，现为陆巷古村对游人开放的五堂之一。据说怀德堂为王鏊后裔旧宅，陆巷王氏自明代正德年间王鏊入阁为相后，世受朝廷俸禄，后裔受祖德庇佑，寓怀德之意，遂建其堂。

怀古堂。又名王家祠堂，位于陆巷村紫石街71号，建于清代中期，原为莫厘王氏摆放先祖灵位及存置棺材的族祠，现属苏州张氏所有。1986年被列为吴县文物保护单位。

惠和堂。位于陆巷王家里花翎巷西侧，建于清道光年间（其西侧书楼属明代建筑），占地面积5000多平方米，建筑面积达3000多平方米，是目前东山保存最为完整的一座古建筑。1986年公布为吴县文物保护单位。

三德堂。位于陆巷紫石街东侧文宁巷王家里，其建筑圆堂属早清建筑，住楼为民国建筑。吴中区文物保护单位。王兴轩祖传第宅。该堂原规模较大，分东西两路建筑。西路：门屋、圆堂、住屋、住楼四进。东路：花厅、客厅、附房。现仅存圆堂、住楼及东路部分附房。

遂高堂。位于陆巷文宁巷南侧。始建于明代弘治年间，是王鏊胞弟王铨的故居，也是陆巷村保存最古老的一幢明代建筑。1986年公布为吴县文保单位，现为严氏等几户陆巷村居民所有。

古牌坊。解元坊位于陆巷村紫石街上，始建于明成化十一年（1475年），清乾隆年间及21世纪初均进行过修缮。解元坊高7米，宽3.6米，立于紫石街南端进村处，下有石门槛，原有门可关闭进口。会元坊高7.4米，宽3.9米，位于古街北端，与王家祠堂、玉带泉和民国所建的小菜场形成一组景观。探花坊高8米，宽4.2米，坐落在古街中部东侧，为王家里的进口。2002年，东山镇根据保存的原牌坊照片，恢复了陆巷的探花、会元和解元牌坊。因王鏊曾官封太师，列为一品，故在重修探花牌坊时加上了“一品”两字，也是陆巷的标志性建筑。

四、民俗文化

门楣辟邪物。陆巷村民在建住宅前有相地的习俗，无“冲”为上，有“冲”为下，箭形的河、笔直的路、天粪坑、屋脊的尾等对准大门为“冲”，如果无法回避，便以石敢当、照妖镜、八卦等物解冲。如今，在陆巷村内与人们直接相关的生活空间民宅的门楣上，依旧悬挂有竹簸箕、八卦、镜子、钱币等辟邪物，并加入了一些现代的元素。江南地区由于雨水较多，挂镜子容易破裂，镜面浑浊，陆巷的很多人家有使用白铁皮代替镜子，不仅具有镜子的反射功能，还比镜子更耐风雨。门楣辟邪物的历史悠久，积淀了厚厚的民俗习惯和文化，在一定程度上也成为了传递传统文化、经济的载体，也蕴含着人们保护家园的心灵寄托。

明月湾

11. 明月湾

明月湾古村位于太湖西山岛南端，现属江苏省苏州市吴中区（太湖国家旅游度假区）金庭镇（原西山镇，2007 年更名为金庭镇，当地人仍称西山）石公行政村，在著名景点石公山以西两公里处的大明湾自然村。2005 年 6 月，明月湾被苏州市人民政府公布为苏州市首批控制保护古村落之一。2006 年 12 月，明月湾被江苏省政府公布为江苏省历史文化名村。2007 年 6 月，明月湾被住房和城乡建设部、国家文物局公布为中国历史文化名村。

村落区位图

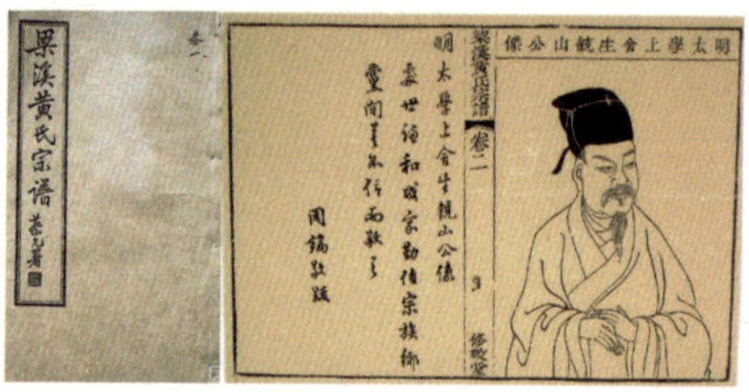

黄氏族谱

吴氏族谱

一、自然环境

明月湾南临太湖、北靠山麓，风景秀丽、气候宜人，北面山体高约 60 米，三面环抱古村，江南多雨，因此古村后山山洪较多，但由于山体绿化良好，所以山洪危害不大，且无泥石流现象。古村地势顺应地形，从山体向太湖渐低，街巷高程最大高差约 8 米。古村基本处于西山最低防洪标高即黄海高程 3.76 米以上，基本不受太湖洪水淹浸影响。

明月湾的聚落与自然环境和谐度较高，“环以七十二峰，而明月之湾、缥缈之峰、毛公之坛，尤为尘外净境”（宋・王铚《包山禅院记略》），“洞庭西山明月湾，峰峦耸翠，溪流环碧，人烟鸡犬在花林中”（清·沈德潜《洞庭明月湾吴氏世谱序》）。小径曲折幽深，两旁梅杏、柑橘、杨梅、板栗等果木，枝繁叶茂，层层密密。穿越山林，翻过山岗，方始豁然开朗进入古村，此与陶渊明笔下的桃花源无异。

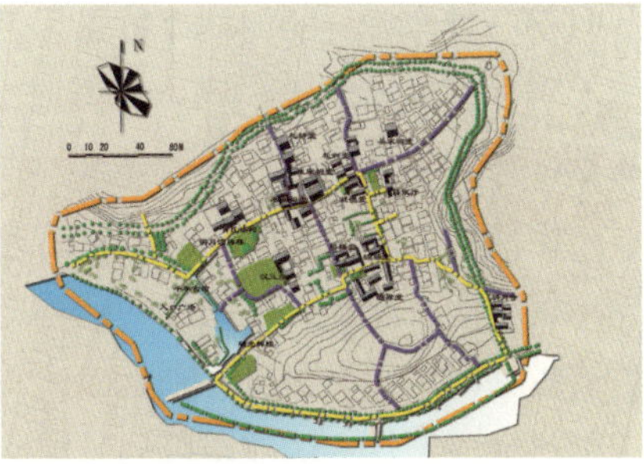
传统建筑分布

二、历史传承

相传二千五百多年前的春秋时期，吴王夫差和美女西施，曾经在明月湾共赏明月，古村由此得名；唐代，明月湾已闻名遐迩，大诗人白居易、皮日休、陆龟蒙、刘长卿等，都曾到此，留下了赞美明月湾的诗作；南宋金兵南侵，大批高官贵族到西山隐居，带来了空前的繁荣和深厚的文化底蕴；明清时期，大批居民外出经商，足迹遍布江浙沪一带，因经商致富，使明月湾在此时期建造了大批规模宏大、装饰精美的宅第，规划严密、布局合理、配套齐全，这种状况在清乾隆、嘉庆及道光年间达到了鼎盛。明月湾保存的古建筑，大多建于这

村落俯视图

一时期，且有着鲜明的地方特色。

明月湾地处湖心，既承袭南渡中原文化遗韵，又因远贸而深受各地影响，长期以来使明月湾形成了大异于吴中其他地方的方言、风俗和习惯。明月湾古村依山傍水，风光秀美，有大量明清古建筑遗存，文化底蕴极其丰富，是太湖这一优秀的自然和文化遗产的精华之一。长期的湖山隔绝，使明月湾古村仍保持着较好的原始风貌，特别是能体现清乾隆、嘉庆、道光及咸丰年间（至太平天国运动前）富庶的江南古村风貌。

三、村落形态

1. 村落格局

明月湾现存古村面积约 9 公顷，有常住居民一百余户、近四百人，多为靠种植花果、碧螺春茶和太湖捕捞为生的农民，姓氏以邓、秦、黄、吴为多，多为南宋退隐贵族繁衍的后裔。明月湾依山傍湖，三面群山环绕，终年葱绿苍翠，深藏不露，深得桃花源意境。村内设南北两条东西走向的主要街道，两街之间有多条横巷，纵横交叉，井然有序，俗称棋盘街。街面均以花岗岩

民居俯视

条石铺设，下为沟渠，有“明湾石板街，雨后穿绣鞋”的民谚。街道两旁多明清建筑，高低错落，斑驳苍古。房前屋后，栽植四季花果，清代诗人沈德潜称之为“人烟鸡犬在花林中”，清代诗人凌如焕称之为“水抱青山山抱花，花光深处有人家”。

明月湾村落规划布局保持得十分完整，具有明显的特殊功能（消防、给水排水、防盗、防御等）。体现的规划布局理念：因地制宜，天人合一。得湖山之胜，天水相接，一碧万顷。环境，是村落建设中最为重要的因素之一，而明月湾的周边环境，更是山水相依，得天独厚。“篱落村墟，皆非凡境。”顾炎武指出，洞庭西山的村落，皆得益于太湖山水，其环境大多美不胜收，非同一般。

2. 建筑特征

明月湾现为苏州市控制保护古村落，有苏州市控制保护建筑 13 处（均由苏州市政府 2005 年 6 月公布），分别为黄氏宗祠、瞻禄堂、秦家祠堂、礼和堂、礼耕堂、凝德堂、汉三房、明月寺、裕耕堂、瞻瑞堂、仁德堂、宁寿堂、古码头。明月湾现存的房屋，多数建于清乾隆年间，这些宅第和祠堂，均有精致典雅的砖雕、木雕、石雕。明月湾现存的古建筑单体，总体来说在体量大小和装

民居

饰精细程度方面，不及西山东村、堂里、湾里的古建筑，但明月湾现存的古建筑的数量更多，分布更集中，更能体现江南古村的原始风貌。

明月湾的清代建筑不仅数量多，而且在院落的平面布局上具有地方特色。一户住宅一般前后三进，一般都是楼房，楼房的高度几乎相等。内楼两侧各设厢房，左右对称。第一进楼下设置库门，成为轿厅，楼上供奉祖宗牌位，因此称家堂楼。第二进楼厅，是整个院落的建筑中心，专供庆典礼仪和接待宾客之用，因此陈设非常讲究，除了台、椅、茶几之外，还挂有字画对联。大厅的明间多做六扇落地长窗，两边次间做雕花半窗和木栏杆。梁枋都雕刻吉祥图案，后步柱上用透雕棹木装饰，次间的脊檩上用雕刻精美的山雾云美化。有的人家还用水磨方砖做山墙贴面，光滑平整，一尘不染。柱础一般都用青石或花岗石做成鼓形，并浮雕荷花、牡丹等吉祥花纹。大门口都用长方形大条石做台阶。室内多用水磨方砖铺地坪，整洁美观。第三进为宅主生活起居和藏闺之所，称为内楼。内楼往往做雀宿檐（以软挑头承屋面，附于楼房），廊轩宽敞美观。明月湾的宅第院落有大有小，建筑层次有高有低，立面凹凸起伏富有节奏，是苏南地区清朝乾隆年间乡村民居建筑的代表作。

明月湾的古建筑讲究雕刻装饰，木雕、石雕、砖雕三者齐全。木雕大多施于梁枋、棹木、门窗、户闼。石雕多施于门枕、柱础、磉石、垂带石、门窗框岩子的上槛等。砖雕广泛用于门楼、照墙、门楣、墙垣。雕刻题材有人物、山水、花卉、禽兽、鱼虫、书法等。

3. 主要建筑物

姚家老屋。明代普通农户住宅。坐北朝南，占地 190 平方米。前后两进，第二进为楼房，楼上作卧室用。布局紧凑，富实用价值。原建筑严重残破，局部已改建。

黄氏宗祠。始建于清乾隆四十九年（1784 年），坐北朝南，占地 930 平方米。其门厅、享堂等主要建筑均为原构。2004 年由西山镇人民政府斥资整修，重建照壁、客厅等。明月湾黄氏祖籍福建邵武，南宋明经博士、著作左郎黄明善为迁山始祖，其八世孙、太学生黄铳山于明初由本镇秉常里迁居明月湾，子孙繁衍，今为明月湾大族之一。

礼耕堂。建于清乾隆三十四年（1769 年）。礼耕堂原是一组四进的大型民居，现存三进，但只有第一进基本上保持了旧时样貌，其余二进皆是后来改建的新式二层楼房。礼耕堂面朝东南，其中第一进老宅占地 228 平方米，建筑

石板街

民居

面积197平方米（不含二楼），主要包括客厅、卧房、露天天井、厨房、餐厅、蟹眼天井、阳台等。

裕耕堂。建于清嘉庆四年（1799年），原为吴家瞻瑞堂一部分，民国年间由邓家买下，并改今名。坐北朝南，占地744平方米，主要有门厅、楼厅、庭园、花园、书房及附房等，是明月湾保存最完好的古民居之一。

凝德堂。为秦家老宅，清乾隆年间造。凝德堂现居住秦家老太及女儿，儿子秦根龙及媳妇居住于老宅原址上新建的二层新式楼房。凝德堂秦家与礼耕堂吴家是姻亲。凝德堂坐西朝东，占地460平方米，主要包括客厅、厨房、餐厅、庭院、卧室、天井等。

邓氏宗祠。始建于清乾隆十年（1745年）。原建筑大部分毁于20世纪70年代，仅存照壁、门楼及厅堂遗址。2005年由西山镇人民政府于原址重建，基本恢复原状。坐南朝北，占地950平方米，依次为门厅、享堂和寝堂。建筑宽敞高大，门前沿河石栏雕刻精美。

明月寺。相传明正德年间从明月湾西侧的庙山嘴搬迁而来。清初称明月庵，民国十四年（1925年）曾维修并增建楼房，改今名。现存四进院落，建筑既有清代的，又有民国的。2005年公布为苏州市控制保护建筑，同年由西山镇人民政府斥资整修。寺内设弥勒、观音、城隍、关帝、猛将、蚕花等神殿。庙

敦伦堂

黄氏宗祠

瞻瑞堂

土神庙

宇坐北朝南，占地面积1100平方米，现存主要殿堂均为原构。庙宇依山面湖，景色秀丽，楼上为望湖赏月佳处。

汉三房。同为秦家老宅，为秦家“汉”字辈兄弟中的老三所建，故得名为汉三房，原有五进，现存三进，是明月湾现存最精致、档次最高的古建筑。从外观看，三进院落一进高于一进，有着“步步高升”的意味。现存的三进已分别属于四家主人，第一进为黄家所有，第二进为胡家所有，第三进则分别为秦、吴两家所有，皆无人居住。

礼和堂吴家老宅。建于清乾隆四十八年（1783年）。坐北朝南，占地450平方米。建筑均高两层，分成东西两路，西路为主轴，依次设大厅和内厅，东路为门厅和书斋。大厅额署“礼和堂”，2005年重建。书斋为花篮厅结构，制作精良，额署“南寿轩”。

4. 其他要素

寨门。俗称更楼，是古村安全防卫设施。始建年代不详，明嘉靖年间，在防御倭寇侵扰时曾发挥重要作用。平时是打更人守夜的更楼，兼有报时作用。原建筑已毁，2005年由西山镇人民政府斥资于原址重建。

明月湾古码头。建成至今已有千年历史，该码头原系明月湾与外界沟通的主要水上通道，现在仍在发挥作用。白居易等历代名人由此泊舟登岸；明月湾人商贸湘楚，也于此挥手告别。码头的始建年代已无从考证，现存码头基础部分为宋代建筑，表面条石为清乾隆二十一年（1756年）由村民集资铺设。码头全长58米，宽4.6米，用256块花岗岩条石铺成，颇具气势，依稀可见当年舟楫往来盛况。从码头上面的石缝中钻出的两棵榆树，也已长得有合抱粗，成了系船带缆和晾补渔网的天然工具。码头斜向伸入湖中，不仅方便了进出明湾港的船只，还能挡住太湖风浪对港内停泊船只的冲击。

明月桥。始建年代不详，现存建筑为民国年间重建。相传在2500多年前，吴王夫差和美女西施曾在桥上共赏明月，故石桥得名为明月桥；刘长卿、白居易、皮日休、陆龟蒙等历代名人，也于此进入古村。

旗杆。在数千年历史中，明月湾对外主要的交通工具是船，为了能使夜晚航行的船安全回村，避免在太湖中迷失方向，自南宋开始，明月湾村民就在村口竖起了高高的旗杆，上面挂上大红的灯笼，夜间点亮里面的油灯，为过往的船只指引方向（相当于现在的灯塔）。到了清朝末年，高耸的旗杆却引来了不少太湖强盗，百姓苦不堪言，为此，明月湾人商定了一个报警办法，凡发现有强盗船要靠近明月湾，就降下灯笼，村民就有时间一起准备应付。原旗杆于1939年被日军砍断，现在的旗杆是2005年重立的。

古樟树。明月湾的重要标志，见证了古村落的千年历史。相传为唐代著名诗人刘长卿到明月湾访友时所植，树龄约1200多年，主干直径2米，树冠高25米，1984年被吴县人民政府公布为一级古树名木。古樟曾经历了多次磨难，一侧主干因火烧、雷劈早成枯木，只靠后来发出的新枝维持生命，显得苍劲有力，俗称为“爷爷背孙子”，妙趣天成。树身向东侧的古村方向倾斜，似乎在作揖感谢村民千年以来对它的精心呵护。古樟枝叶茂盛，覆荫近一亩，是船家休息、村人纳凉的好地方。

村落环境

四、民俗文化

挂红绵。明月湾人家有结婚、造新房、生孩子等喜事时，门口必挂“红绵”（学名“发禄袋”）。红绵主体由染成红色的丝绵制成，丝绵质地很轻、颜色洁白，象征天上的白云。染成红色，则为红云，谐音“鸿运”，“红绵”即大吉大利的“鸿运连绵”。红绵高高挂起，寓意“鸿运高挂”，人从下面走过，寓意“鸿运当头”；一根竹筷横向穿过，寓意“鸿运亨通”；中间的万年青、柏树枝，寓意“万年常青”；双钱联结，寓意“招财进宝”。

东村

12. 东村

东村位于苏州西山岛北部，南倚青山，北濒太湖。全村共有 25 个村民小组，共 995 户，有果园 1440 亩，稻田 640 亩。境内横山群岛自然风光优美，村中历史古迹众多，大型明清宅地、栖贤巷门、东园公祠、盘龙寺等古迹随处可见。其中明清时期的古民居有 29 处，古祠堂 5 处，古寺 2 座，古庙 10 座，古桥 2 座，古道 2 条，古牌楼、巷门 9 座，古井 6 口，百龄以上的古树 24 株，还有最乐亭、古码头、古池、古塔及古店铺遗址等古迹。

一、自然环境

东村身处物产丰饶的太湖西山岛上，太湖所在的这部分长江以南的三角洲地区，地处沪、宁、杭三角地中心，地形平缓，并且由于长江流至此地动势已

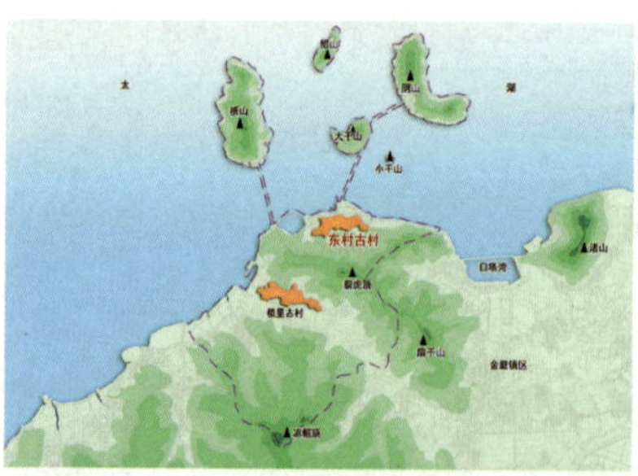

东村与周边山水资源的关系

东村与金庭镇景点景群的关系

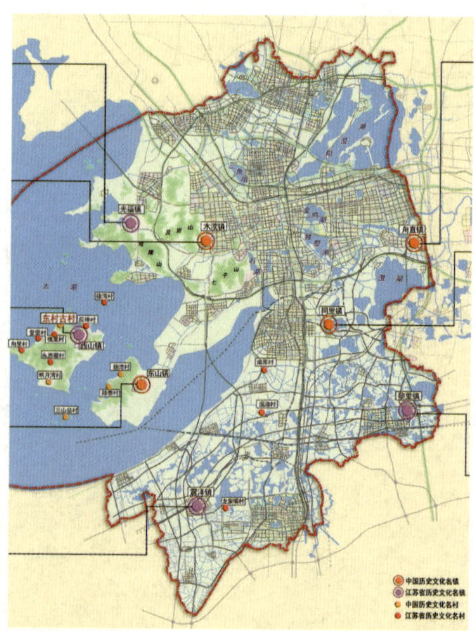

东村与苏州市古镇古村的关系

村落区位图

东村宗谱

宗祠图

万一公墓图

失，千百年来泥沙不断沉积，逐渐形成了江河与大海交汇处连片的三角洲平原。这样的三角洲平原通常是人类十分理想的生存环境，世界著名的人类文明大都发源于类似的三角洲地区。

洞庭西山是太湖中最大的岛屿，总面积 79.8 平方公里，东村就位于西山的北部，介于北纬 31°09'10''~31°09'40''、东经 120°16'30''~120°17'15''之间。距离苏州古城 40 多公里，北临无锡，南濒湖州，西依宜兴，东近苏州。

东村与传统的江南古村有所不同，西山独特的地理特征使得这里不像一般的江南古村镇水网密集，西山上的村落多为傍水而居，东村正是如此，于西山

村落俯视

北岸邻水建村。古代，娄江、东江和吴淞江是引太湖水入海的主要河道，合称“三江”，当前主要出水河道有属于黄浦江和江南运河两大水系的黄浦江、吴淞江、望虞河、浏河、白茆河、太浦河、梁溪河等。

西山所处地区为湿润性季风气候类型，降水丰沛，日照充足。春夏季节由东南海洋吹入的暖湿气流带来了充沛的雨水，加上太湖水体的调节作用，因而其气候整体呈现四季分明、温暖湿润的特点。西山冬半年多干冷的西北风，夏半年多湿热的东南风，全年以东南风最多，西北风次之，西南风最少。西山处于台风地带，经常受到台风的影响，每年 7 月下旬到 10 月上旬间有多次台风过境，同时带来台风雨，对白果、板栗等秋季花果影响很大。太湖水面广阔，风力没有阻挡，因此西山风速较太湖沿岸各地大，这样就更加大了西山夏秋季干旱的程度。

西山整体海拔较低，最高处海拔仅 300 多米，但复杂的地形导致不同地形下植被各具特点。总体上在山区顶端有草地覆盖，中部针叶树与阔叶树多混交成林，坡地上多种植果树，较为平坦的湖湾多为水稻栽培区。西山常见的植物中，乔木有马尾松、白栎、冬青、香樟、锥栗等；灌木有算盘珠、胡颓子、羊

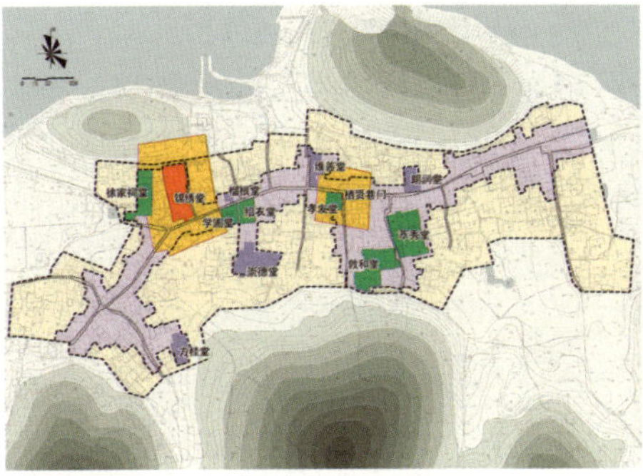

传统建筑分布

村落鸟瞰

踯躅、乌饭树、山胡椒、柘、牡荆、石楠、六月雪等；草木有白黄芭、刺野古草、细柄草、翻白草、桔梗等；沼池及水生的有芦苇、荻、茭白、野慈菇、水蓼、浮萍、荇菜、莼菜、满江红、菱、水厥、菹草、苦草等。

二、历史传承

东村建村于秦末汉初，因商山四皓之一的东园公曾隐居于此而得名，古称东园村，简称东村。南宋初年，北方贵族大举随宋室南迁，大批贵族到西山定居，给西山带来了空前的繁荣和深厚的文化底蕴，东村的徐氏大族，就是南宋贵族的后裔。明清时期，西山因土狭民稠，大批居民外出经商，不仅足迹遍布江浙沪一带，还大规模远贸至湖南、湖北，且多数因经商而致富，与东山商人一起被称为“钻天洞庭”。经商致富，使西山在明清时期建造了大批规模宏大、装饰精美的宅第，也形成了许多像东村、明月湾那样规划严密、布局合理、配套齐全的村庄和集镇，这种状况在清乾隆、嘉庆及道光年间达到了鼎盛。

东村最早的人类足迹可追溯到新石器时代，从横山、三山岛、俞家渡等古文化遗址上看，早在五六千年前西山即已有人类居住。夏初，禹被派治理太湖（约公元前 21 世纪），在西山留下禹期山等遗迹。大禹治好了太湖，得了王位，又得到了人民的崇敬。后人为纪念之，纷纷建立了大禹之庙。西山就有了“禹王庙”。禹分天下为九州，西山属九州之一的扬州。商末，西山所在的太湖流域被中原故国称为“荆蛮”之地。生活于陕西渭水流域的周族首领古公亶父之子泰伯、仲雍兄弟为避让王位，“奔荆蛮”，由中原来到太湖流域，在梅里（今无锡梅村）

建“太伯邑”，称“勾吴”，太湖之名由此而来，西山始属吴境。周元王三年（吴王夫差二十三年，越王勾践二十四年，公元前473）越灭吴，西山归越。周赧王九年（楚怀王二十三年，公元前306），楚灭越，西山归楚，属春申君黄歇之封地。秦始皇二十六年（公元前221），秦统一六国，设吴县，隶属会稽郡，西山始属吴县。

三、村落形态

1. 村落格局

在西山众多古村落中，原东村的布局结构最为经典和规整，全村方圆一里许，东西一长街，两面面山，四处巷门，临湖而筑，藏而不露。自栖贤山俯视东村，可见东村古村落横卧于山峦之间，依地形而建，整体分布呈“卧龙”形。古村曲折蜿蜒的街巷，就是村落“卧龙”的筋骨。全长一千多米的东村大街东西走向，是贯穿东村的主干道，承担东村主要的交通功能。街巷两侧有多条支巷，呈“丰”

街巷

民居

民居石雕

字形格局，街巷东至永泰桥，西至徐家祠堂，南至栖贤山山脚，北至凤凰山山脚，街道总长3500米，宽1.5至2.5米，路面为弹石、石板、青砖，街道一侧为排水明沟，两旁的古宅以清乾隆、嘉庆年间的为多。街与巷之间以十字交错状分布，并在主街与巷的结合处设有巷门。除此之外，各户之间的小弄口还设置有栅门，其目的一则为服务于村落的交通运输和日常生活，二则可起到抵制外患的防御作用。

东村街巷的完整性保存良好，保留了古朴的街巷风貌特征，历史上传统的使用功能很好地延续了下来，体现了良好的历史延续性和真实性。旧时古街两旁有着肉铺、当铺、药铺等各式各样的商铺，热闹非常。清朝中叶，东村还保存着六只更楼，可见当年盛况。东村的街道皆为明清遗物，以青砖及湖石铺设而成。东村古巷较多，沿山而建的房屋并排而起，显得悠长而深邃。

原东村有“三群”，令人叹为观止。一是原东村有超大型的古建筑群。全村至今保留有21座以“堂”为名的明清古民居。二是有大型古砖雕门楼群。全村现存各式各样的明清水磨细砖雕刻门楼16座。细缕如画，神功天然，堪称一绝。三是有青石圈古义井群。全村现存宋明清青石圈义井5口，泉水清冽，入口丝甜。

2. 建筑特征

东村现存的古建筑绝大多数为民宅，其平面布局一般为照墙、门厅、大厅、楼厅沿中轴线摆布，朝南的房子门楼多数不在中轴线上，往往偏东，成曲尺形。住宅都以大厅后的库门作为内、外两宅的分界线。大厅是外宅的中心，楼厅是内宅的中心，前者为重大礼仪和接待宾客之所，后者为宅主生活起居和藏娇纳闺之地。住宅厅堂大多为硬山式，有封火山墙，正脊都用砖瓦叠砌，做纹头脊

民居砖雕

（屋脊两端翘起做各种花纹）或哺鸡脊（屋脊两端做鸡形装饰）。大厅屋顶的山界梁上空处大多用山雾云（斗栱两旁的木板，雕流云仙鹤，施彩绘）装饰，以增美观。在大梁两端，架于升口，抱住桁条两边的雕花板，称为抱梁云。大厅内四界前往往筑重轩，前为廊轩，后为内轩，前者尺度较小。

东村现存的清代建筑讲究雕刻装饰，大型住宅木雕、石雕、砖雕三者齐全。木雕大多施于梁枋、棹木、门窗、户阔。石雕多施于门枕、柱础、磉石、垂带石、御路、门窗框岩子的上槛等。砖雕广泛用于门楼、照墙、门楣、墙垣。雕刻题材有人物、山水、花卉、禽兽、鱼虫、书法等。人物以刻载昆曲和京戏传统剧目中的故事为多，也有代表人们愿望、寄托人们情思的神话传说，还有打渔、采薪、牧马、耕作、游街、喜庆宴席、四时读书、弈棋、群儿嬉戏等生活场景。花卉刻载种类繁多，最多见的有富贵的牡丹，出淤泥而不染的荷花，“岁寒三友”松、竹、梅，“四君子”梅、兰、竹、菊，多子的石榴，果红叶绿的万年青等。动物中最多见的有龙、凤、鹤、鹿、狮、猴、蝙蝠、喜鹊、鲤鱼、鸳鸯、燕子、大象等，都是传统的吉祥之物。书法一般与砖雕结合，有四字成章的字枋，前有题头，后有落款，成横幅状，书卷气息十分强烈，虽寥寥数字，却寓意深远，其含义多激励后人、追念祖先、颂扬当世，平添许多风雅。此外，还雕有城门、轿子、铜线、锭升、聚宝盆、文房四宝等器物。山石林木多作为人物故事的衬景或作画中的点景。上述种种雕刻内容大多是互相穿插在一起，有机地组成画面，而且力求讨个吉利口彩，竭力反映宅主的情怀、对美好事物的向往、对美好生活的憧憬和追求。

东村现存清代的官绅宅第多数绘有苏式彩画，主要施于梁枋、脊檩，以建筑部件为单位分成三段，左右两段包头内或画联珠，或画箭绢，或画荷花，或

徐氏宗祠建筑结构

画寿字，左右对称。中段称锦袱，极像是锦绣包袱包起来似的，其款式有方形、圆弧形两种，尖角向上的为正包袱式，尖角向下的叫反包袱式（较少）。锦袱的尺寸没有定格，均以部件体量而定。锦袱内所画内容多种多样，其中数古钱、兵器、工具、妆奁、毛笔、锦纹等用得最多。画锦纹的衬托面称锦地，不施彩色的衬托面叫素地，考究的锦地里画折枝花、香草状和各式锦纹，而普通的锦地只简单地刷上一层青绿而已。常用的颜色以浅蓝、浅黄、浅红为主，色调柔和高雅。少数彩画做沥粉装金，光彩夺目，富丽堂皇。彩画在艺术上以清嘉庆前的作品为上乘，嘉庆后的较为草率，民国后日益衰落。

3. 主要建筑物

村内保存有明清建筑 30 余处，面积约 25000 平方米，其中敬修堂、栖贤巷门 2 处为省级文保单位，徐家祠堂、萃秀堂 2 处为市级文保单位，学圃堂、绍衣堂、敦和堂、孝友堂、凝翠堂、维善堂 6 处为苏州市控制保护建筑，保存状况较好的古建筑还有芳柱堂、慎思堂、瑞木堂、仁余堂、留耕堂、仁德堂、朗润堂、永泰桥、延圣堂、东园公祠等。

徐家祠堂。东村徐家祠堂位于东村古村西侧，占地一千平方米，清乾隆十三年（1748 年）由著名儒商徐联习主持修建。“文化大革命”时期祠堂曾被改建为小学、村办工厂及村委会办公室，仅存前厅为原构建筑，保存有精美的木雕、砖雕、石雕和苏式彩绘。2005 年被苏州市人民政府公布为苏州市控制保护建筑，2009 年被公布为苏州市文物保护单位，2012 年被公布为江苏省文物保护单位。

2009 年，经苏州市吴中区文物管理委员会批准，在市、区政府有关部门的支持下，由金庭镇人民政府主持，苏州瑞丽华文化旅游投资有限公司、苏州太湖洞庭古村旅游开发有限公司、东村村民委员会等单位参与，修复前厅，重建大殿、寝宫、照壁、回廊等，基本恢复原貌。修复工程始于 2009 年 4 月，2010 年 6 月竣工，由苏州计成文物建筑研究设计院设计、苏州蒯祥古建有限公司施工，总投资 350 万元。2010 年 8 月由苏州西山旅游发展有限公司布置陈列并对外开放。

祠堂内原有立于清乾隆六十年（1795 年）的“徐母殷孺人节孝题词”书条石 20 多方，其中有刘墉、纪昀和翁方纲为殷氏题写的祭文，可惜的是这些珍贵碑刻均在“文化大革命”中被毁。2009 年重修时，发现了保存完整的清乾隆三十二年著名历史学家王鸣盛撰写的《东园徐氏祠堂记》碑以及半块刘墉为殷氏题写的“贞寿毓贤”碑。

敬修堂梁架结构

敬修堂门楼

敬修堂院落

鎏金木雕

敬修堂木雕

徐家祠堂前厅面阔五间 18.3 米，进深 9.2 米，外观为两坡苏瓦硬山顶，下设青石基座。厅内为九架梁前后四架卷棚，上覆草架。梁柱制作精细，金柱高 4 米，底径 0.28 米，上细下粗，柱础青石鼓墩式，鼓腹部直径 0.48 米，柱头出了头栱承托轩梁，梁垫、蜂头镂雕如意。轩梁扁作，梁肩置荷叶莲瓣柁墩，承荷包梁，荷包梁头雕麻叶云，设镂花替木，承托轩檩，檩上置罗锅椽。檐口高 3.65 米，檐下额枋上设平身科与柱头科，传递屋顶的重量。牌科不出跳，为单昂重栱，昂嘴上卷似象鼻，昂上要头里外两端均雕麻叶云，里端设枫栱，雕卷叶花纹，栱垫板及下枋镂雕人文故事。整座建筑装饰华丽精致，其梁、枋、斗、替木、梁垫、棹木、垫板等木构件均施满雕刻，其内容有人物戏文、花草动物、喜庆吉祥等图案，雕刻手法采用透雕、高浮雕、平雕等。轩梁及前轩檩上均满施沥粉金线聚锦苏式彩画，颜色金、红、白、蓝各异，色彩艳丽明快，图案简洁清秀，据初步统计，彩画约有 40 余幅，是江南地区彩绘保存较多的民居古建筑之一。

敬修堂。敬修堂位于东村古村西侧，在徐家祠堂以东，建于清乾隆十七年（1752 年），占地面积 1866 平方米，是西山现存最大的一幢古宅。创建人为徐联习（1684~1753 年），字循先，号东村，是清乾隆年间的知名儒商。从门间到杂间，前后共有六进，整个院落既有宽敞高大的厅堂，又有低矮简陋的平房，平面布局合理紧凑，组合灵巧，错落有致，美观大方，是一处颇有欣赏、研究、实用价值的古建筑。敬修堂内现有 1 户居住，产权为十余户共有，2002 年被公布为江苏省文物保护单位。

敬修堂的门间宽 3 米，进深 4.7 米。木质大门装于檐檩之下。门顶上做额枋，额枋前面设置两对圆柱形阀阅（门簪），长 0.28 米，直径 0.17 米，顶端分别浮雕春夏秋冬四季的代表性花卉。大门两侧复立门框，体量左右相称，款式左右相同，寓意“门当户对”。门下用高门槛，可随意装拆，俗称活落门槛。高门槛两端做金刚腿。左右设立砷石（门枕石），砷石上浮雕花卉。整个门间结构合理，气势不凡，一派富贵之家的气度。敬修堂大厅是坐北朝南的，但大门是朝东的，属有意弯转，其原因是百姓晓得朝南房子采光好，冬暖夏凉，但只有皇宫、衙门、庙宇可以大门向正南，百姓即使发财致富亦不能与菩萨和帝王官爷相比，百姓地位低微，福分浅薄，住了大门朝正南的房子消受不起要遭灾遇祸，所以民间的朝南房子，不是偏东五度，就是偏西五度，绝不正南。这个大门不在中轴线上，反映了封建社会等级森严的时代特征。

敬修堂入口门

敬修堂进门后的第一进房屋是三间轿厅，面宽 10.15 米，进深 6.6 米，系五界回顶建筑形式，即在厅堂的前后步柱之间架设弯椽，又在弯椽之上设枕头木，安草架脊檩，再列椽铺砖盖瓦，使房屋内部中间顶界比较浅显平缓，并产生曲线以增加美观。

敬修堂的大厅五间，面宽 19 米，进深 12.25 米，分作三明两暗，即明间与次间通连，次间与梢间之间用砖墙隔断。面对明间的山墙面做水磨方砖贴面。大厅的后步柱之间装屏风，前步柱之间装 16 扇雕花落地长窗。厅后设内轩，厅前设廊轩，轩顶架重椽，做假屋面，内部对称协调。大厅雕梁画栋，装饰精致，构图严谨，线条流畅，规整俊俏，美不胜收。

凤栖楼五间两厢，都是两层楼房。楼厅进深 8.68 米，面宽 18.15 米。它是敬修堂的内宅，属于藏闺纳娇之地，建筑以整洁实用为主。楼下的 12 扇落地长窗上，雕有不同形状的代表 12 个月份的龙 12 条，是民居建筑中绝少见到的。

相传，乾隆皇帝下江南时经常微服私访，曾经在太湖西山岛上认识了东村一位姓殷的村姑，她不仅美貌如花，而且知书达理，乾隆和她一见钟情，不久殷氏便怀了乾隆的骨肉，但由于她是汉人，不能带入皇宫，为遮人耳目，乾隆只能让她假装与东村敬修堂的商人徐伦滋结婚。徐伦滋是敬修堂创建人、著名儒商徐联习的儿子，常年在外经商，匆匆奉命回西山和从未见面的殷氏拜完天地，没有入洞房就立即离家做生意去了，一直到死也没见过他名义上的正室夫人殷氏一面。殷氏为乾隆生下了一个女孩，实际应该是公主身份，乾隆就派人在她们居住楼下的落地长窗上，雕了 12 条不同形状的龙，表示皇帝自己每个月都在陪伴她们母女俩。据说乾隆皇帝六次到苏州，每次都是从木渎乘船来到太湖当中，在船上与殷氏母女秘密相聚。由于殷氏为乾隆生下的是女孩，不用书房，所以如此富丽堂皇的敬修堂，就没有设专门的书房。徐伦滋常年在外面做生意，不久另娶了侧室，生下了儿子徐明理，徐明理继承父业，不仅成了有名的儒商，还精于医术。殷氏去世后，徐明理来到北京，乾隆皇帝专门派了刘罗锅、纪晓岚和翁方纲三位宰相为殷氏题词或撰写祭文，徐明理回西山后将这些题词和祭文刻在石碑上，放在东村徐家祠堂里供人瞻仰。可惜的是，这些珍贵碑刻均在“文化大革命”中被毁。但值得欣慰的是，在民国十八年（1929 年）李根源先生（国民党元老、朱德总司令的恩师）到西山访古时，将这些碑文的内容大多抄了下来，编进了《洞庭山金石》一书中，使得我们现在还能从中了解到这一似乎只能在小说或影视剧中才能看到的传奇故事。有位学者在游过木渎古镇后来到西山东村敬修堂，了解到这段传奇故事后，深有感触地说，“木渎古镇是乾隆六次到过的地方，东村古村才是乾隆真正金屋藏娇的地方”，“东村古村——乾隆金屋藏娇的地方，这真是一句绝佳的广告宣传口号”。乾隆皇帝风流韵事的传闻现在已经无从考证，但东村徐家祠堂内原先三位宰相刘罗锅、纪晓岚和翁方纲为殷氏这位民间妇女专门题写颂词及祭文，却是无可争议的事实。而乾隆爷的传奇掌故和风流韵事到底有多少，又有谁说得清楚呢？

佛楼两间半，面宽 11.05 米，进深 6.52 米。敬修堂其他的厅堂都是扁作梁，唯有佛楼取用圆梁，以体现华严宗圆融深奥的佛理，下方方形柱础，上为圆形木梁，是寓天圆地方的意思。这里应该是久居深闺的殷氏母女以拜佛和读书来寄托对乾隆爷思念的地方。

敬修堂的最后一进是一排平房，是作厨房、仓库及佣人居住用的。各进房屋之间，用位于东侧的一条长长的备弄连接，既便于走动又不影响主室内的活动。

敬修堂每进房屋都用天井分隔，通风采光考虑周到。夏季骄阳直射，光照止于庭阶，冬季阳光斜照，光线直进中堂。敬修堂共有三座砖雕门楼，雕刻内容吉祥，技术精湛，是图文并茂的艺术佳作。塞口墙上均嵌有吉祥图案的花窗。这种有层次的空间，既便于远眺，又起到避外隐内的作用，具有安静而不冷清，交往而不干扰的特点。敬修堂旁是一片果园，花香鸟语渗透到居室，生活环境丰富多彩，充满活力。

栖贤巷门。栖贤巷门位于东村大街中部。巷门是设置于街巷之端的一种公共安全防卫设施，在洞庭东、西山比较多见，常为防太湖盗贼而设。东村因汉初商山四皓之一的东园公隐居而得名，栖贤巷即是东园公隐居而经常由此出入、上山的一条街巷，巷门就在街巷的北端，为明代建筑。1986 年被列为县文物保护单位并整修一新，2002 年被公布为江苏省文物保护单位。巷门为砖木结构，面阔一间（2.15 米），进深四檩（1.84 米），略呈长方形。地坪高出街巷 18 厘米，四周施青石压沿，中间小砖铺地。柱础为青石制，扁平而呈木质形，直径 31 厘米，上部与柱相匹配。立柱四根，前柱高 3.3 米，柱身略呈梭形，柱头有卷杀，置栌斗，栌斗高 20 厘米，四周刻海棠曲线。施雀替，支承脊檩。柱前出一担梁及“丁斗栱”，挑起檐檩。前、后柱之间，以月梁和穿插枋相连结。后柱高 2.38 米，柱头置栌斗，承檐檩。月梁梁肩正中，施单斗只替承檩。后柱旁有门臼，可以装门（已失）。前后柱之间高 0.56 米处，设坐板，供人休息。

栖贤巷门

萃秀堂。萃秀堂位于东村东上 62 号，现为苏州市文物保护单位，是一处体量较大的清代民居群体建筑，前后共六进，原占地约 1100 平方米。原有门厅、大厅、楼厅、后楼、客房、后楼，其间分别用墙门、天井隔断成院。大厅面阔三间带两厢计 20 米，进深九檩带前后双步廊计 12.10 米。大厅高敞恢宏，外观为两坡苏瓦硬山顶，花岗石基座，前设踏步四阶，厅内方砖正纹铺地。大厅彻上明造，大梁扁作，其结点处均使用荷花坐斗、镂花连机，唯三架梁坐斗上施重栱，梁背饰镂雕“双凤呈祥”山雾云，脊檩两侧置镂雕抱梁云，大梁底部及两侧均刻双线弦纹，做工极为精细。三根脊檩均饰包袱锦笔锭胜图案的苏式彩绘，其金、红、蓝、白颜色仍十分艳丽。下金檩与额枋间施一斗三升牌科，栱垫板饰镂雕寿字花绘图案。金柱高 4.55 米，底径 0.30 米，青石鼓墩柱础，满雕缠枝、焦叶包袱锦式图案。柱上部出丁头栱，惜镂空蜂头、棹木已毁，柱端置栌斗，边帖檩柱根根立地，柱头均施坐斗、连机。脊檩柱坐斗上也设重栱，饰山雾云。柱间用眉形及长方形穿插枋攀连，枋上刻变体如意纹饰，夹堂板镂空万字式木雕。穿插枋下墙面用细砖斜纹满铺，大厅前设满天星落地长窗，夹堂板及裙门均雕刻花绘。

大厅前有砖雕门楼一座，制作十分精细，形式为仿木牌楼式，上筑皮条脊，出方檐椽双层，檐下置一斗三升牌科，斗座雕覆荷叶花纹，栱垫板雕梅、兰、竹、菊。上、下枋及肚兜均涂雕人物典故，惜人像全部被敲毁，匾额雕回纹边框，额中题字被敲得难以辨认。两侧垂莲柱仅剩上半段方柱及仰莲柱头。门楼与大厅间为天井，青砖回纹铺地，两侧砌变体海棠灯锦式花窗墙，花窗紧贴两层楼夹厢，楼上缩进半架，夹厢一端设三山屏风墙，与门楼照墙连为一体。后楼两幢，仅用一条夹弄间隔，其体量不大，结构相同。前楼面阔五间带夹厢 17.5 米，进深七檩 8.8 米，后楼面阔五间 17.5 米，进深七檩 8.5 米，楼上为圆作抬梁式结构，楼下设落地长窗，楼上设槛窗。其后还有附房五间，面阔 17.5 米，进深 7.40 米，小楼一幢面阔 7.4 米，进深 3.2 米。

萃秀堂除门厅毁坏外，余均保持完好，该处建筑额枋上用牌科，脊檩上饰彩绘，边贴满铺方砖，独具江南清代民居的特色，具有一定的研究观赏价值，现仍被村民居住使用。

延圣堂。延圣堂面阔三间 8.6 米，进深七檩 7.4 米，外观为观音兜苏瓦两坡屋面，堂内为圆作抬梁式结构，梁柱用材较小，做法简洁。金柱高 2.55 米，底径 0.18 米，上粗下细，柱础花岗石鼓墩形，腹鼓直径 0.25 米，梁架上用瓜柱、替木承托檩条，举架平缓。屋面富有一定曲线，边贴除上金檩用瓜柱承托，其余均用立柱支撑。该堂保存基本完整，但屋面漏雨，部分构件已腐朽，局部被改建，现为村民自发烧香点，内贡佛像。

学圃堂。学圃堂为一处中小型的民居，现存门屋、门楼、大厅。大厅面阔五间带夹厢 21.5 米，进深七檩带后双步廊 11.6 米，外观为两坡苏瓦硬山顶，屋面曲线平缓，厅内方砖正纹铺地。梁架圆作抬梁式，结点用瓜柱榫卯连结承檩，檩下设雕花连机，上敷方椽。金柱高 4 米，底径 0.25 米，下垫花岗岩鼓墩形柱础，柱头与五架梁直接用榫卯连结。边贴为穿斗式，柱间分别用短月梁及穿插枋攀连，梁及枋间铺夹堂板，大厅后廊及边厢均用栅板隔断。大厅出檐较深，檐高 3 米，檐柱出一斜撑支撑挑檐枋和挑檐檩，檩下用雷公柱，柱头雕垂莲，斜撑杆为海棠曲线形，底部设半丁头栱及麻叶云耍头，其做工精细，颇有特色。厅前安六抹头落地长窗。夹厢为两层小楼，上层缩进半架，设有槛窗，两厢间为庭院，正对大厅有砖雕门楼一座，筑皮条脊，其枋、栱等构件均仿木制作，正中匾额刻“长发其祥”四字，肚兜刻花鸟，下枋雕“笔锭胜”图案，两边垂莲柱全毁。门屋体量较小，结构基本与大厅相近。学圃堂保存基本完整，现仍为村民居住使用。

郎润堂。郎润堂现存仪门、门厅、大厅，后楼及两座砖雕门楼，占地约706.8平方米。大厅东次间前轩和已倒塌。仪门形制古朴，四抹头门框，前置方形青石门枕石，上雕刻花卉及如意纹，设四阶青石踏步，两侧八字门墙用方砖斜纹铺饰。进仪门左折即门厅，门厅面阔三间18.6米，进深七檩4.5米。梁架结构简单，为圆作抬梁式，边帖为穿斗式。大厅面阔三间带两厢18.6米，进深十檩10.8米，厅内前轩后廊形式，方砖正纹铺地。大梁扁作，底部及两侧均刻双线弦纹，梁架结点处均施荷叶坐斗，镂空连机承檩，唯三架梁背坐斗上施重栱，并饰“仙鹤祥云”山雾云。金柱高3.08米，底径0.26米，下垫青石刻花鼓墩形柱础，柱上端出丁头栱，设小斗、蜂头、梁垫及棹木，柱端设栌斗承檩及大梁。前轩为双檩船篷轩，结构与大梁基本相同，边帖为穿斗式，柱间用穿插枋攀连，枋上刻有双线弦纹及变体如意纹，山尖施山雾云，其形制及图案与大梁同。后楼面阔五间带夹厢11米，进深七檩8.5米，底层墙面已改为砖墙，上层为圆作抬梁结构，前设槛窗。

该宅共有砖雕门楼两座，大厅前门楼制作较为精细，为牌楼形式，除设有方椽、荷叶状一斗三升斗栱，上、下枋等构件外，在垂莲柱下部出丁头栱置雀替承下枋。门楼满雕，栱垫板刻海棠灯景式花卉，上枋深雕“鹿十景”，下枋中间刻有“聚宝盆”，下衬“百花争艳”包袱锦，两端刻“金钱缠枝”。肚兜满雕人文故事，匾额题字全部敲毁。大厅后门楼比较简洁，不用方椽、斗栱，肚兜刻花卉，匾额题字已毁，下枋刻“笔锭胜”图案。

孝友堂。孝友堂是一处小型民居建筑，原有门厅、大厅、后楼三进，现仅存门厅及大厅，后楼已改建为新楼。大厅面阔三间带厢19.0米，进深九檩8.6米，厅内前轩后廊，五架梁上吊有天花，大梁扁作，两端直接卯榫于金柱泥槽中，两侧刻双线，底面略带琴面刻花卉图案。前轩为双檩船篷轩，轩梁扁作刻包袱锦图案，梁肩置斗、连机，承檩及荷包梁，现厅内堆满柴草。门厅面阔三间带附房19米，进深七檩4.7米，大梁圆作抬梁式。门楼哺鸡脊，匾额刻“荫芬桂馥”四字，肚兜刻花卉，下枋刻“凤展祥云”图案。该处建筑除大厅、门楼保持基本完好，其余均已改建。

维善堂(源茂堂)。维善堂(源茂堂)位于东村西上13号，现存大门、门厅、门楼、楼厅、后楼等建筑，除楼厅保持原貌，余均进行改建，但其主要结构未变。大门面阔一间，为将军门式样四抹头边框，上有门簪，下设方形门枕石，浮雕动物花卉，门垛头福字图案。门厅面阔三间 11 米，进深七檩 5.20 米，圆作抬梁式结构，现已作为小店。楼厅面阔三间 11 米，进深十檩前带双轩 8.6 米，大梁扁作，两端有剥腮，出榫直接卯接于金柱泥槽中，梁底略有琴面刻花卉图案，边贴脊柱及下金檩柱落地，柱间用扁月梁连接。大厅前置双轩，均为船篷式，用短月梁，梁肩置坐斗、连机，梁两侧刻“仙鹤祥云”包袱锦图案，梁底呈琴面刻双线弦纹。金柱高 3.10 米，底径 0.20 米，下垫青石鼓形柱础。厅内方砖正纹铺地，前设满天星落地长窗。后楼面阔三间 11 米，进深七檩 7.7 米，圆作抬梁式，内部装饰及墙面均已改建。楼厅前门楼已毁，改建成水箱。

敦和堂。敦和堂为一处体量较大的清代民居建筑，原占地约 1200 平方米。原为二路四进，现仅存大厅、后楼及东路的住宅楼。大厅面阔三间 12 米，进深十檩 11.2 米。外观为两坡苏瓦硬山顶，设青石台基。厅内为抬头轩贴式，方砖正纹铺地，大梁扁作，做工精细。五架梁梁肩置坐斗、连机承三架梁及上金檩，三架梁梁背置坐斗，出栱两跳加连机承脊檩，脊檩设抱梁云和镂雕双凤呈祥图案的山雾云，梁底及两侧刻花卉及变体云纹。边贴制作也十分考究，其结构与装饰基本与大梁相同。金柱高 4.2 米，底径 0.38 米，青石鼓墩形柱础，柱头设栌斗，惜丁头栱、棹木、蜂头均已毁，仅可见外露的榫眼。大厅前面设落地长窗。后楼两幢并列，各自成院，结构基本相同，但其墙门与大厅不在同一轴线上，分别与大的边间相对。东后楼已毁，西后楼面阔三间带夹厢 12.10 米，进深 12.8 米，梁架圆作，设槛窗。大厅前砖雕门楼，为仿木构牌楼形式，有斗栱、枋子、垂莲柱、飞檐等。匾额刻“友于笃庆”四字，肚兜及上、下枋深雕的人物典故大多已被敲毁。东路门厅已毁，仅剩面阔 26.6 米，进深 8 米的朝西住宅楼一幢。

四、民俗文化

1. 宗族文化

徐氏是西山最大宗族，全岛共有 6 支：后埠、南徐支，北徐支，东园（东村）支，堂里支，煦巷支，徐巷支。除专祠（徐徽言、徐缙）外，各支均独立建祠；除北徐支外，都已发现有各自族谱存世。六支原籍都是浙江衢州，均为衢州徐氏始祖徐练（唐朝中期）的后裔，迁到西山的时间均在南宋。北宋时，徐汴河任河北永清府教授（学官），携家由衢州移居开封府。徐汴河第三子徐揆（小名七郎，新科举人，尚未授官），在靖康二年（1127年）只身到京郊青城金兵营中索还被扣的徽、钦二帝，结果被金人当堂击杀，成为大宋烈士（高宗追赠宣教郎，谥“靖节”，赐建祠在苏州陈千户桥）。宋高宗南渡时，汴河公携其孙（徐揆之子）元吉（时年十二岁）“义不居伪邦，随帝南渡”（范成大·徐谱序），先居于杭州小湖州墅五年，再避乱于苏州光福梓里村。因时局不稳，慕洞庭山水之胜和湖山之安宁，徐元吉于宋淳熙年间（1174~1189年）移居西山绿石山麓的梅梁里（后埠）。元吉公之后衍分为三支：一支居崦南，定村名为南徐；随后又衍一支居崦北，即北徐支；另一支为汴河公七世孙万一公于宋宝祐二年（1254）迁居栖贤山麓之东园里（东村），为徐氏东园支始祖。

已知西山徐氏现存宗谱有:《南徐徐氏世谱》，六册全，清乾隆四十年修;《东园徐氏宗谱》，六册全，清嘉庆七年修；《堂里徐氏家谱》及外编，残存家谱世系总图及世系分册二、外编一，清乾隆四十一年修;《具区销夏湾徐氏重辑宗谱》，六册全，清嘉庆十四年修；《洞庭煦巷徐氏宗谱》，四册全，清道光八年修。

2. 名人文化

儒商徐联习。徐联习（1684~1753年），字循先，号东村，苏州西山东村人，清乾隆年间的知名儒商，东村敬修堂的创建人。徐联习为西山徐氏南渡始祖徐揆（靖节公，宋朝烈士、宣教郎）的二十一世孙。父徐则伊，以德行高操名于乡里，生五子，联习最幼。徐联习赋性聪敏，幼时即以孝亲敬兄为职志，虽家贫无力读书，但常借书自学，记性非凡，能过目成诵。徐联习生平善会计,未及成年即随族人赴湖广（湖南湖北一带）经商。徐联习善于经营，将湖广丰富的稻米运到苏州，又将苏州丰富的丝绸运到湖广，航船来回不空，生意以诚信为本，不到中年即已成为一个富商，其经营的稻米和丝绸在衡阳、湘潭等地享有盛誉，成为当时“钻天洞庭”商帮中的佼佼者。徐联习经商不忘读书，即使在船上途中也常常手持书卷，“舟车间圣贤诚正之学不可一刻忘也”。经商数十年积聚财富，读书数十年修身养性，徐联习成了长江和太湖一带有名的一代儒商。

徐联习致富后不忘造福桑梓，对西山东村族人中的贫困者遍加资助，还带领许多年轻族人外出经商致富，教导他们光宗耀祖，造福乡里。晚年徐联习归居东村，建敬修堂，建筑风格大胆创新，大量借鉴了湖广官绅宅第的建筑特色，使敬修堂成为清乾隆年间江南民居中的精品。徐联习的同乡好友蔡书升（西山东蔡人，字廷彦，盛京承德县知县）十分敬重徐联习的为人品性，为敬修堂题写了多处匾额。徐联习还出资协同族人重建东村徐氏宗祠，亲自朝夕督理，三年而落成，但徐联习却因年老力衰操劳过度而得了痰喘之疾，病故前仍关照子孙要倾力于宗祠祭祀大事，并再捐水田十亩作为宗祠祭产。

徐联习享年 69 岁。妻邹氏，生三女，侧室李氏，生一子。徐联习的儿子徐伦滋继承父业，经商于湘衡间。徐联习的孙子徐明理不仅善于经商，而且博学多才，精于医道，交友广泛，为阐扬祖父徐联习的英名，徐明理于乾隆六十年请当时著名的学者翁方纲（大学士、礼部侍郎）撰写了《徐东村处士传》，并刻于石碑放在东村徐氏宗祠，供后人瞻仰（碑已毁于“文化大革命”中）。

商山四皓。角里先生、东园公、绮里季、夏黄公，是汉初隐居于西山的四个著名的长者，因秦末曾隐居于陕西商山，又都白发皓首，故并称为“商山四皓”。

角里先生姓周名术字元道，太伯之后，京师号曰霸上先生，一曰角里先生。东园公姓庾名秉字宣明，因住东园，故号东园公。绮里季姓吴名实字子衡，号用禄，后号绮里季。夏黄公姓崔名广字少通，因曾隐于夏里修道，故号夏黄公。后四人以才学任秦朝博士，掌管史事典籍，德高望重。后因不满秦廷暴政，一齐弃官隐居商山，称商山四皓。刘邦称帝后曾屡聘四皓，四皓因少时不齿刘邦的为人，每次都借故推辞，不愿入汉为官，刘邦对此也深以为憾。

刘邦晚年宠幸戚妃，欲废吕后之子太子刘盈（即汉惠帝），而改立戚妃之子赵王刘如意为太子。吕后得知后采用张良的计策，由张良写信，太子刘盈亲自坐马车送到商山，厚礼相邀，终于感动了四皓，入汉辅助太子。入都后四皓与太子同游，高祖见太子有此四人辅助，叹道“羽翼已成，难动矣”，由此打消了改立太子的意图。四皓虽因而为汉室立了大功，但同时也得罪了戚妃和赵王刘如意，遂辞官，云游天下，最后在太湖之中的洞庭西山隐居。

在西山，至今还有四皓的许多遗迹。角里先生隐居于角里，角里之名即由此而来，今尚有角里先生读书处——甪庵遗址，村中有周姓大族，即角里先生后人（周家上头自然村）。东园公隐居于凤凰山西南一里，即今东村，地名即因东园公而来。绮里季隐于绮里，今石桥马迹犹存，相传为东园公的坐骑过桥时留下的痕迹，绮里旧有四皓祠。夏黄公隐于慈里万花谷，其地曰黄公井，亦称黄公泉，其傍居民多姓夏，俗传即夏黄公后人。四皓隐居西山后不问世事，外面无人知其所终，整日乐于山水之间，今缥缈峰山腰有仙人台，相传即为四皓聚会弈棋之处。因当时四皓隐于西山之事不为外人所晓，故有关四皓在西山的墓葬，历代史志均无记载。

汉惠帝刘盈登基后，感四皓之恩，虽不知四皓下落，仍在商山脚下，丹江之滨,建四皓陵,文官下轿,武官下马,以示敬仰,“四皓古陵冲北斗”为旧时“商州八景”之一，当地官吏为祭祀方便，亦建有四皓墓。角里先生墓在陕西商县玉峰山下，东园公、绮里季、夏黄公的墓在陕西丹凤县商镇西的公路旁，今均已整修一新，对游人开放。隔丹江对面，便是四皓隐居地商山，有四皓庙，李白、白居易等均有诗作。

东蔡

13. 东蔡

东蔡位于江苏省苏州市吴中区金庭镇，处于西山岛南部，缥缈峰南麓，毗邻消夏湾，有环山公路贯穿。2003 年由原东蔡、庙东、秉汇三个行政村合并而成，辖区由东蔡、徐巷、东汇上、诸家河头、薛家桥、陈家桥、五家弄、祝家桥、社坛上、葛家坞等自然村落组成。

一、自然环境

东蔡属北亚热带湿润性季风气候类型，加上太湖水体的调节作用，具有四季分明、温暖湿润、降水丰润、日照充足和无霜期较长的气候特点。全年平均温度在 16℃左右，全年中温度最高的是 7~8 月，极端最高气温为 39℃；最低的是 1~2 月，极端最低气温为 –8℃。霜期在 80 天左右，初霜期一般在 11 月下旬，

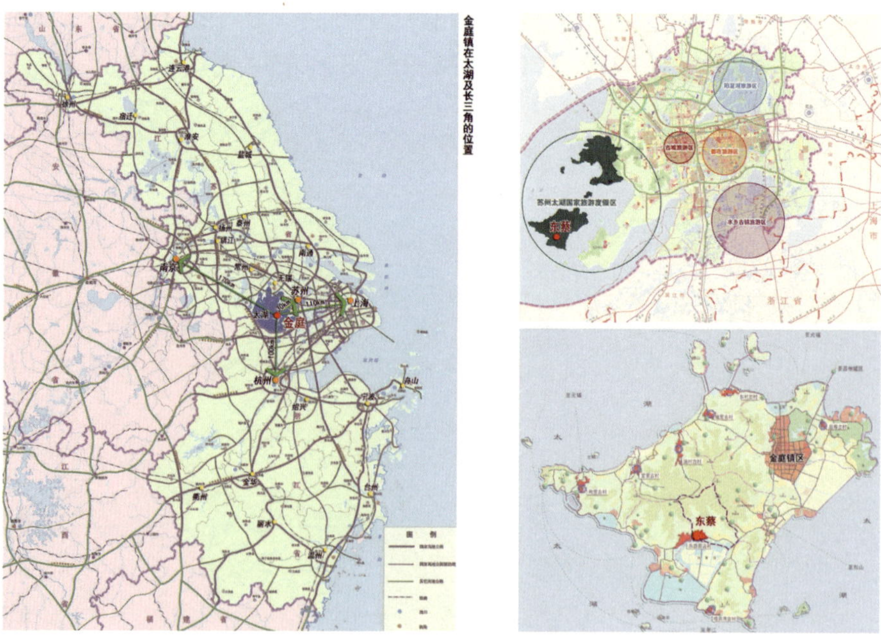

村落区位

最早在10月底，终霜期一般在2月下旬，最迟在4月中旬，无霜期约280天。

东蔡地形地貌为山区丘陵，有下方山和飞仙山两座山脉，其中下方山位于徐巷五峰南，因下方寺而得名，飞仙山位于东蔡西北，因古有仙鹤飞于其上而得名。辖区以山地、平原为主要耕作区。古村落南部由大量农田、鱼塘组成。村落北侧的缥缈峰植被情况良好。

二、历史传承

宋代绍兴十二年（1142年），秘书郎蔡源长子、次子奉母赵氏郡主移居消夏湾，建立了东、西蔡两村。明清时期，随着农、林、渔业发展，村民生活富足，人才辈出，村落渐进发展，东西向形成两条主要巷道，贯通村庄，南北多条巷道与之联系。民国时期先后在此设东蔡镇、消夏镇、消夏乡，中华人民共和国成立之初设缥缈乡，现属东蔡辖区内。

三、村落形态

东蔡区域总面积5.9方公里，村域建成区约0.53平方公里，村落背山面水，北靠缥缈峰，南临消夏湾。向北远眺，山体蜿蜒连绵环抱村庄，满山林木苍郁生机勃勃。南侧河面上遍植荷花，夏季荷叶相接，荷花摇曳，山水相依，风景秀丽。村落北部梅林漫山，初春时节梅花绽放，如诗如画。村落内古银杏众多，高大挺拔，秋季满树金黄，色彩绚丽，林木资源优异。橘子、枇杷、板栗、叶菜是东蔡主要农业种植品种，集中分布在村落北部，村落南侧及内部也有少量零星分布，果蔬品种丰富。

东蔡背靠缥缈峰南麓，南临消夏湾，村落内有两条水系由北至南穿越而过，村落地处北高南低的丘陵地带。村内主要树种包括：银杏、橘树、梅花树、枇杷树，现有百年银杏三十余株，保护等级为二级，春熙堂花园内有白皮松，保护等级为一级。

东蔡村落内传统建筑采用白墙、青瓦，总体色彩上呈现粉墙黛瓦的特征。建筑布局紧凑，屋瓦起伏相连，鳞次栉比。村落内巷道呈网状密布，公共空间数量较少，规模较小，零散分布。村内现有市级文保单位4处，分别为诸稽郢墓、秦仪墓、春熙堂及畲庆堂。其他文物点13处，分别为慎余堂、礼耕堂、润德堂、秀则堂、嘉福堂、敦好堂、敬德堂、凝秀堂、春熙堂楼厅及住楼、振秀堂、思家堂、启秀堂、夏王庙。

村落俯视

凝秀堂。位于东蔡东里村66号。该堂有前后三进，依次为门屋、圆堂、楼厅。门屋面阔五间，进深六界；圆堂面阔五间带两厢，为内四界后双步形式；楼厅面阔五间带两厢，楼下轩做法。从三进建筑的构架形式与门窗做法看，为晚清建筑。楼厅底楼重轩做法较有特点，是一处西山地区晚清时期的中型民居建筑。

润德堂。位于东蔡东里65号。该堂规模宏大，单体建筑有东西二路，间以备弄相通，东路有门屋、花厅、书楼；西路有大厅、楼厅、住楼。大厅面阔三间，内四界前重轩后双步形式。楼厅与住楼均为面阔三间带两厢。门屋面阔一间，大门东向。花厅面阔三间，内四界前后轩形式。书楼面阔三间，楼下轩省柱做法。其楼厅前砖雕墙门字牌内所镌“道光”年款是该堂建造的绝对年代。该堂大厅体量十分高大，书楼省柱做法极具特点，其底楼的承重、轩梁、长窗均采用满雕手法，图案纹饰十分精美，具有较高的艺术价值。该堂是该地区清道光时期大型群体民居建筑的优秀实例。

礼耕堂。位于东蔡东里230号。该堂原规模较大，有东西二路，西路有门屋、大厅、住楼；东路有书房与住楼。住楼面阔三间带两厢楼，副檐做法。书房面阔三间，为内四界前轩形式。书楼楼下轩做法。从该堂的梁架形式与雕饰图案判断，属晚清民居建筑。其书楼的底楼采用满堂雕手法，装饰华丽，雕刻精美，具有较高的艺术价值。

春熙堂。位于东蔡东里204号，始建于清乾隆年间。今仅存门楼、女厅、缀锦书屋三座建筑。缀锦书屋，建于清道光二十五年（1845年），建筑面积86平方米。前金柱一线设屏风，置挂落，将厅屋一分为二。南部采用四架卷棚式做法，北部采用花篮厅做法。缀锦书屋前后有园。前园面积70平方米，堆以黄石假山，植以黄杨、天竺、腊梅、枇杷等花木，地上铺设石板。后园面积比前园大出三分之一，三面用高墙封闭，园内叠有湖石假山。中间一峰，称老人峰，

传统建筑分布

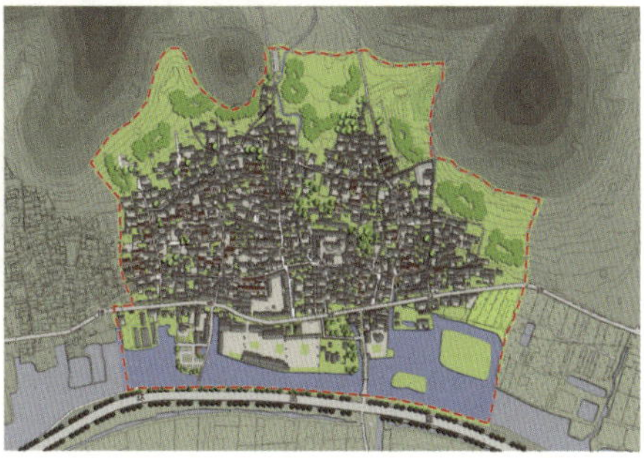

村落街巷分布

村落鸟瞰

村落鸟瞰

左右两峰，一大一小，分别叫太师、少师，太师峰拔地 3.4 米，少师峰高 2 米左右。

春熙堂楼厅及住楼。位于东蔡东里 207 号，是春熙堂的一部分。该堂为蔡氏创建于乾隆年间，蔡氏早年经商湖南，为祈合家和乐，取《老子》“众人熙熙，如享太牢，如登春台”中“春熙”两字为堂名。该堂原规模极为宏大，应有东、中、西三路。除中路的门厅、大厅、女厅外，还曾有七幢三楼三底的住屋与花厅及花厅南的大花园，营建工程直至太平天国运动对湖广商业的冲击后才停下来。该堂目前现存建筑除花厅外，尚有中西路楼厅与东路住楼和住屋。中西路两座楼厅形制相同，均为面阔三间，两次间前带轩廊。东路住楼面阔三间前后带两厢。住屋面阔三间，内四界前廊形式。其住屋后包墙嵌砌的细砖匾额有“道光己亥秋七月”年号铭文，是其建造的绝对年代。中路楼厅前的砖雕墙门所雕图案寓意深刻，雕刻极为精细，具有较高的艺术价值，为清道光年间砖雕墙门的代表性作品。

敦好堂。位于东蔡东里 197 号。住楼二坡硬山造，小瓦屋面，雌毛脊。山墙上部施砖搏风。面阔三间带两厢，二楼构架为内四界后双步形式。明间前有天井，前有院墙相围，形成独立的院落。该宅院从建筑形式与梁架形制判断为清代建筑。其东次间步柱间上设格子和合窗，下置木裙板的做法极具地方特色。

畲庆堂。位于东蔡东里 186 号。该堂规模较大，保存完整。现有东西二路单体建筑，东路有门屋、花厅、后附房；西路有大厅、楼厅、住屋。间以备弄相通，各进单体建筑之间又有塞口墙与天井相隔，形成独立的单元。花厅面阔三间，内五界前后轩，内五界回顶做法，成“三轩联缀”形式。大厅面阔三间，内四界前轩后双步形式。前院东侧砖雕墙门字牌内所镌“乾隆乙丑孟秋”年号铭文是该堂的绝对年代。该堂花厅结构小巧，三轩联缀形式的内屋顶，极具曲线美。大厅梁垫、枫栱、山雾云及窗槅上所雕各种图案，十分精美，具有极高的艺术价值。目前，布局结构保存如此完美的厅堂已不多见。该堂应属西山地区清乾隆时期大型群体民居建筑的优秀实例。

敬德堂。位于东蔡东里 189 号。该堂原规模宏大，有中、东、西三路建筑，占地四亩，为蔡氏祖宅。现仅存原宅院东、北外院墙及住楼一幢。住楼二坡硬山造，面阔三间带西厢。二楼构架为内四界后双步形式。该住楼的存在为研究当地的人文历史提供了有用的实物材料。

振秀堂。位于东蔡东里 35 号。振秀堂，俗称“南三房”，蔡氏所建。宅院

村落街巷

坐北面南，沿街而建。原规模极大，现有建筑可分为南北二路。南路有东西楼厅及南附房；北路有东西住楼及住屋，间以备弄相通。从多幢单体建筑的构架形式与做法看，属清代晚期建筑。宅院单体建筑采用纵向横向相结合的分布形式，极具特点，是该地区晚清群体民居建筑优秀实例。

嘉福堂。位于东蔡东里。该堂原有前后三进单体建筑。现存圆堂、住楼，前进门屋早年已毁。圆堂面阔三间，为内四界前轩廊后双步结构。住楼面阔三间，为内四界后双步形式。从该堂构架的形制特点判断，属晚清民国时期的民居建筑。圆堂进深九界的做法有一定的特点。

启秀堂。位于东蔡东里 141 号。该堂原规模极宏大，现尚有东西二路，东路有楼厅，后有住楼；西路有附房三间两厢。东西二路之间有备弄相通。楼厅与住楼均为楼下轩形式，面阔均为三间带两厢。楼厅天井前砖雕墙门字牌内镌有“道光……”刻款，是该堂建造的绝对纪年。楼厅与住楼廊轩东西两侧前后廊柱之间均设木框边门景的做法极具地方特点，而楼厅二楼楼板面铺设方砖的做法，为洞庭西山地区所罕见。

慎余堂。位于东蔡东里 100 号。现存单体建筑可分二路，东路有书楼，西路有圆堂及楼厅。圆堂面阔三间，为内四界前轩后双步形式。楼厅面阔三间带两厢，为楼下副檐轩楼厅形式。楼厅前砖雕墙门字牌内所镌“乾隆甲辰□月”是该堂建造的绝对年代。该堂厅堂、书楼格局基本完整，是该地区清代乾隆时期的中型群体民居建筑。

耕馀堂。其建造年代约在清代到民国之间，建筑面积 140 平方米。建筑整体结构形式为砖木结构，屋顶主要建造材料为木、瓦，青砖墙体，石灰抹面。院落形态受到破坏，南侧建筑已拆除，局部附属建筑坍塌。

秀则堂。该堂为二坡硬山造。楼厅面阔五间带两厢楼，两厢楼前山墙间筑以塞口墙，明次间前形成天井。从楼厅构架与装饰形式判断，当为民国时期的民居形式提供了实例。建筑外观搏风、窗楣、封火山墙等传统元素保存完好，院内青石台阶，室内方形地砖铺地，木制门窗、楼梯，装饰古朴大方，总体保存良好。

思家堂。该堂原有五进，规模较大。民国年间曾作过私塾。现仅存前二进单体建筑及东侧小书房。第一进住屋面阔五间，为五界回顶后双步形式；第二进圆堂面阔三间，为内四界前廊形式；书房面阔一间，卷棚顶，形制小巧。从构架与装饰做法看，为清晚期建筑。该堂前进五界回顶的做法，目前吴地发现不多，是研究清代民居建筑形式的优秀实例。

民居

民居

夏王庙。夏王庙为二坡硬山造，面阔三间带两厢，构架为内三界后双步形式。圆作抬梁式，用料较小，为村间小庙，具有一定的历史人文价值。由于其位于太湖岸线边，对太湖岸线的变迁也提供了十分有用的实物例证。

诸稽郢墓。位于东蔡村秉汇村诸家河头与陆家河头之间。诸稽郢，春秋时越国大夫。越王勾践被吴王夫差打败后，曾派诸稽郢出使吴国，通过重贿太宰伯嚭求和，是越国功臣之一。据清康熙年间西山慈里人王维德的《林屋民风》载，消夏湾陆家河，秦嘉铨在营造别墅开凿池塘时得一石碣，上有“越大夫诸稽郢之墓”字样，字体古朴苍健，似秦汉时人所书，秦嘉铨即于该处封土树碣，并请故里诸姓渔民守之，并为此作志。清光绪十一年（1885 年）甪里司巡检暴式昭重修，俞樾重书墓碣。

秦仪墓。当地人俗称王坟。秦仪（1229~1273 年）字元德，西山秦家堡人，宋代著名词人秦观（字少游）八世孙。年 19 即中宋理宗淳祐七年（1247 年）张渊征榜进士，授翰林院编修。后尚理宗之女娥明公主，授驸马都尉及金书铁券。历授金紫光禄大夫、宝文阁直学士。故宅在西山金家堡，40 岁后与娥明公主在西山居住。卒于宋度宗咸淳九年（1273 年）二月初三，享年 45 岁。秦仪去世后，朝廷赐祭赐隧，与娥明公主合葬于缥缈峰南飞仙山麓祖墓旁。秦仪去世时，距南宋灭亡仅七年，知南宋王朝已无希望，预以“只许读书，不许求仕”告诫子孙勿仕元朝。今秦仪墓仍存，被列为吴县文物保护单位，位于东蔡传统村落西北部。墓地约存十亩，多为村民开垦种植梅、桔、茶、蔬菜等，封土完整，高 3 米，南向有青石墓碑和祭台。墓碑为清康熙四十二年（1793 年）重立，刻“故宋翰林驸马都尉元德秦公、娥明公主”等字。

四、民俗文化

消夏渔歌至今已有 2500 多年的历史，相传吴王夫差携美女西施在西山岛南部避暑消夏，常令吴国士兵和越国战俘一边打鱼、一边唱歌以供欣赏，逐步在西山岛形成了消夏渔歌这一独特的地方民歌，并流传至今。“消夏渔歌浑如画”，在 20 世纪 60 年代消夏湾被围垦前，仍是著名的西山八大胜景之一。

消夏渔歌传唱的内容多以太湖西山的风土人情、历史文化、戏曲故事、时事变迁为主，歌声洪亮，唱法古朴，意境悠远，演唱形式与打鱼劳作相结合，以敲击竹篙、樯橹、渔具、船板发出的声响作为伴奏，极具地方特色。

堂里

14. 堂里

古诗云："七十二峰何处好，夕阳一角洞庭西"。堂里地处洞庭西山西隅弯麓，乃人文景观和自然景观双殊胜地，现属金庭镇堂里行政村，因村内古民宅古厅堂较多而得名，有"太湖七十二峰，堂里七十二堂"的说法，堂里八景八珍，引人入胜。

一、自然环境

堂里古村有丰富的矿产资源（白云岩居多）、中药材资源、动物资源和土地资源等自然资源。

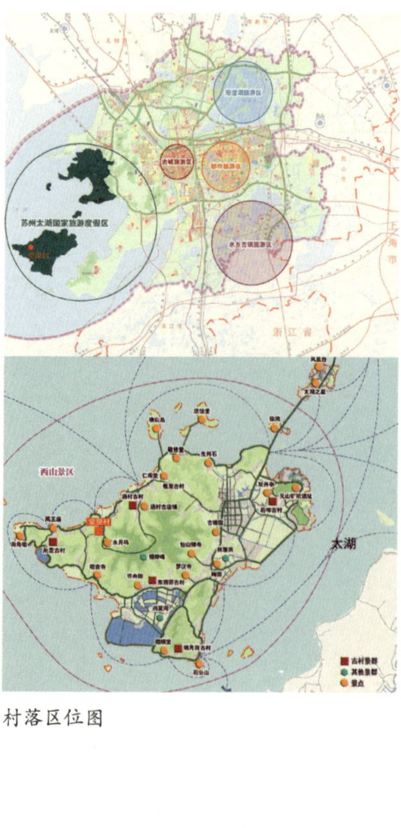

村落区位图

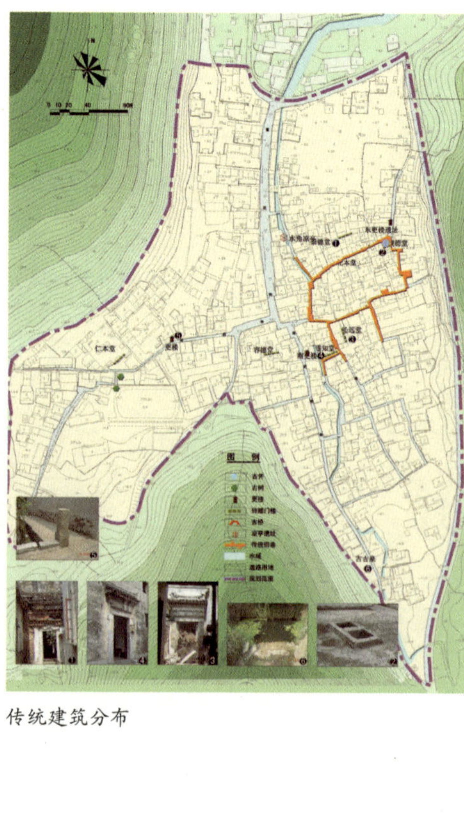

传统建筑分布

村落属于北亚热带湿润性气候类型，加上太湖水体的调节作用，具有四季分明、温暖湿润、降水丰沛、日照充足和无霜期较长的气候特点。冬半年多干冷的西北风，夏半年多湿热的东南风，全年以东南风最多，西北风次之，西南风最少。

二、历史传承

堂里古村位于缥缈峰水月坞，又名梨堂、四皓。因多深院大宅，户户设堂，故名堂里。堂里村发源于南宋乾道年间的平江府知府徐吉卿。徐吉卿原籍浙江衢州，是宋代十大抗金名将之一的忠壮公徐徽言的侄子。徐吉卿在乾道五年（1169 年）任平江府知府。徐吉卿喜好山水，曾多次到太湖洞庭西山游玩，这里的好山好水让他爱不忍释。后来其原配夫人毛氏病故，他就选了西山的堂里做坟地，挖了两个墓穴，右边一个葬毛氏，左边一个留给了自己。他多次叮嘱儿子：“异日必葬我于是”。乾道六年（1170 年）四月，徐吉卿去世，七年后，

村落俯视

他的儿子把他安葬在堂里的墓穴，他的次子徐大本带妻儿老少落户堂里，守墓祭祀。从此，徐氏家族在堂里繁衍生养，成为西山大族之一。当时一些平江府的达官显贵，纷相仿效，来到堂里造房起屋，以作安居隐逸之所，遂形成集镇。清末属靖湖厅长寿乡第三十八都管辖。民国时期为堂里乡、梨棠乡驻地，民国三十七年（1948 年）为四皓乡驻地。中华人民共和国成立初设光明乡，并一度属太湖区行政办事处和震泽县驻地。1959 年归吴县后，为堂里公社、光明大队驻地。1986 年以前为建设公社治地，后恢复旧称为堂里。

三、村落形态

堂里古村，地处吴中鼎峙缥缈峰南坡水月坞前庭，洞庭西山最高峰缥缈峰和次高峰霄峰，双双雄踞堂里弯麓，村落背面是烟波浩淼的太湖，万仞群山，万顷湖光，气象万千。

堂里村古民居建筑的布局、用材、尺度、风格与周边环境均浑然一体。由于这些均是官宦退隐、富贾置产而留下的，因此大宅皆成多进厅堂式布局，前堂后寝，屋厦敞亮，由于受山势地形限制，这些大宅不像平原水乡，一字纵深

村落鸟瞰

多进连绵布局，而成曲尺形、田字形等，宅后或宅旁也有花园园林。村中是蜿蜒的山坡小路，青砖砌铺的路面，路旁的民宅散漫分布，透出几分优雅和自在，别有韵味。村中现存明清古建筑约十处，其中有四处已被列入控保建筑，除此之外，村中还保留有一些古桥、古泉、古遗址、古树、古井等古迹。这些历史遗存与周围自然环境融为一体，形成特有的传统人文环境。

堂里村中有水月坞到港口，长 2 公里、阔 3 米的砂石山涧，斜桥跨涧纵贯街中心，其北有文昌阁。街道成十字形，南北长 2000 米，东西长 1500 米，均以侧砖条石砌成，整齐雅观。街上有东更楼、南更楼及西更楼等建筑。现存的仁本堂、容德堂、沁远堂、崇德堂、礼本堂、乐耕堂、遂知堂、凝德堂等清代宅第二十余幢。

仁本堂（雕花楼）。仁本堂位于堂里古村河西巷，即徐家老宅，占地约 3 亩，建筑总面积约 4000 平方米，省级文保单位。因其古建筑雕刻数量多，而被俗称为西山雕花楼。清乾隆四十四年（1779 年），徐氏后裔徐洽堂、徐赞尧在康熙年间建造的祖屋地基上扩建住宅。道光元年（1821 年）正厅竣工，取名“仁本堂”，分五进七落七天井，即现在的老屋。咸丰三年（1853 年），徐敬之在

雕花楼

雕花楼

仁本堂左侧建起了新屋，三进五落、二十底十六楼。1987 年之前，仁本堂为堂里乡政府使用，1987~2006 年，仁本堂的房屋部分为村民住宅，部分为皮鞋厂厂房。仁本堂主体建筑分属徐氏四脉后裔，周边建筑归徐氏三脉后裔。2006 年，徐氏后裔联合以 280 万的价格，将仁本堂四分之三的产权售给民营企业家黄涛。仅有徐允权保留自己的 400 平方米产权。黄涛斥资对仁本堂进行了大规模的整修，于 2007 年 2 月对外开放。

仁本堂大门正对着缥缈峰，大门并不显眼，掩映在一片民宅中。走进大门，却是豁然开朗，宽阔的中庭，亭台参差，曲桥相接，湖石交叠，漏透皱瘦，过

中庭，对面则是一片庞大的建筑群，高墙飞檐，气势不凡。整个院落高出周边民宅几个台阶，站在庭院中心，放眼四望，但见青山环抱，满目流翠，煞是赏心悦目。全楼上下有各种格调的花窗、花格、花栏杆 620 余扇，完全被各种栩栩如生的木雕花饰所包围。房屋的梁柱上、门楣上、檩枋上处处为精工细作的木雕。而门楼上、照壁上、墙体上凡是有砖的地方，又布满了秀逸精美的砖雕。大到数尺长的砖雕匾额，小到盈寸的木雕花窗，或是花鸟鱼虫，或是轶事典故，无不千雕万刻、笔笔认真。在这座雕花楼里，集中了三千多件木、砖、石雕刻作品，如此繁复的雕刻工程，竟无一雷同，而雕刻手法上既有浮雕、镂空雕，

民居

民居

又有控体雕，堪称一座雕花艺术殿堂。整个建筑集康熙、乾隆、道光、咸丰四个年代的建筑堂构风貌于一身，反映了江南清代建筑雕刻艺术的传承演变，是体现苏州香山帮匠人建筑营造智慧的代表作，也是苏州现存的三座雕花楼中保存最完整、历史最为悠久的一座。

容德堂。位于堂里大街4号，建于清代。堂名出自《书·立政》中“率惟谋从容德，以竝受此丕丕基”，“容德”的意思是宽容之德。据说，在堂里七十二堂中，建筑造型最优美的要数容德堂，它的厅堂四周做轩，其透视效果之佳，堪称一流。由于容德堂长年无人居住，现仅在堂前修整出停车场。

沁远堂。位于堂里村花园巷内，建于清乾隆年间，占地1622.4平方米。整宅建筑以备弄分隔成南北两路，每路两进。南路依次为照墙、门厅、书楼、楼厅，北路依次为客房、大厅、楼厅。各进建筑以砖雕门楼和墙垣隔成庭院。内部有东西向、南北向的两条备弄相互贯通，形成可互相通连的宅院。沁远堂门楼朝西开，面积有20多平方米，门前有长近十米的八字形照壁，青石须弥座。大门为将军门形制，二抹头门框用材硕大，上施山雾云及斗栱，下设砷石，大门缩进呈八字形，两侧墙面贴水磨方砖，下置青石须弥座，雕有龙、凤、梅竹、山水庭园等图案。雕刻手法精细，纹饰形象生动。北路第一进客厅，面阔三间，进深七界，门窗及雕刻构件均保留完整，明间内四界接点处置免柱花篮，这就是江南高堂华屋地方特有的花篮厅。客厅后为整座建筑的精华及主体，即沁远堂六柱雕花大厅，三开间的大厅面阔12.1米，进深九穤12米，厅高10米以上。前后设轩，前为重轩，饰山雾云，抱梁云，后四界扁作雕花梁，用料硕大，正脊有彩绘，梁枋门窗上雕有人物花卉庭园山水纹饰，柱础青石鼓墩上雕饰有精细的“吉祥”图案。大厅天井高耸两侧墙面，是通体菱形方砖贴面的特大屏风山墙。整座大厅规模宏大，气势壮阔，雕花精细，惟妙惟肖，木刻、石刻、砖刻，都达到了高精的工艺水准。1950年5月，在堂里沁远堂成立西山区第一供销作合社。现沁远堂的产权仍归徐家后裔。

礼本堂。礼本堂位于堂里村180号。堂名出自《后儒学》“其美有三德，一曰美者尊本，即乐其所生，礼不忘本”，意为不能失去本尊。现仅存楼厅两幢，东楼厅面阔三间，前大后小，前面阔5.51米，后面阔6.77米，进深8.8米。底楼前檐雀宿檐做法，扁作雕花承重，砖雕墙门保存较好。西楼厅面阔三间带廊12.4米，通进深13.8米，前后都有天井。构架为抬梁式。

凝德堂。位于堂里村东部。凝德堂的堂名同名比较普遍，在西山明月湾村

民居

就有一处，东山的凝德堂更是号称“江南彩画第一堂”。堂里的这处凝德堂仅存楼厅和门厅局部构件，楼厅为三开间，进深六界，扁作承重。门窗部分保留，门厅尚存门枕。

更楼巷。更楼巷位于堂里村南部，因村中曾有多处更楼而得名。巷子东濒水月坞山涧，流经堂里村。巷中多古宅，但大多已废弃或翻建新宅，残存的酒坊和南更楼比较有特色，更楼巷 9 号为邹宅，建于清代，曾是村子的酒坊。建筑占地 111 平方米，现存门屋及三间两厢大厅。屋门朝西，浑水垛头一对，檐下牌科斗六升，云头挑出丁字栱，承梓桁，垫栱板雕刻人物、云纹。大厅搏风硬山顶，圆作抬梁式，面阔三间 12 米，进深六界，原有船篷轩已毁。南更楼在更楼巷北部，曾是村中专为报更用的建筑，里面设置着报更用的鼓，现为民居。

水月坞。位于太湖七十二峰之首的西山主峰——缥缈峰西北麓，在堂里村西南部，因山坞内原有水月寺而得名。水月寺始建于梁大同四年（538 年），为一代江南名刹，唐代白居易、宋代苏舜钦等历代文人均有诗作，“文化大革命”时寺院被毁，尚存寺基及明清碑记。水月坞还有无碍泉、墨佐君坛等古迹。唐朝时水月坞所产“水月茶”已进贡长安，为“碧螺春”名茶的发源地。水月坞是西山规模最大、森林生态最好的山坞，坞内无人居住，是一处自然与文化旅游资源都十分丰富而尚待开发的处女地。洞庭东山、洞庭西山是“洞庭（山）碧螺春”的原产地和主产区。洞庭碧螺春的前身是产于西山水月坞的水月茶，又称小青茶。北宋朱长文的《吴郡图经续记》记载，“近年山僧尤善制茗，谓之水月茶，以院为名也，颇为吴人所贵”。明代陈继儒的《太平清话》记载，“洞庭小青山，坞出茶，唐宋入贡。下有水月寺，即贡茶院也”。现存于水月寺遗址、刻于明正统十四年（1449 年）的“水月禅寺中兴记”碑，刻有多首名人题咏水月寺的诗，其中就有宋代文学家苏舜钦的题诗：水月开山大业年，朝廷敕额至今存。万株松覆青云坞，千树梨开白云园。

玉虹桥。位于堂里村村口，始建于宋代，修于明代。青石桥上有一副流传千年的柱联：“愿天多生好人，愿人多做好事。”联句出自南宋罗大经所著《鹤林玉露》卷之二甲编“好人好事”条：“豫章旅邸，有题十二字云：‘愿天常生好人，愿人常做好事’。邹景孟表而出之，以为奇语。”其中的差别仅在“多”和“常”两字。在昆山锦溪镇还有一座建于南宋的天水桥，其题刻与玉虹桥柱联相近。印证淳朴民风曾在苏州得到广泛颂扬。

李市

15. 李市

李市村位于常熟市古里镇南部，距白茆镇约 5 公里。有 5 个村民小组，居民 246 户，人口 1237 人。因明代有一李姓官僚在此建一别墅而得名，2008 年被命名为苏州市历史文化名村。

一、自然环境

李市村南面与昆山市巴城镇接界，常昆高速公路与锡太一级公路交汇于村南端，东西面分别与支塘镇、沙家浜镇毗邻，具有良好的区位优势。据《常昭合志》载："李市跨东山泾（旧属双凤乡），距城约四十里，街五、六道，居民六七百户，有城隍庙、石桥一、木桥六。附近小村庄曰'山泾'（居民数十户）。"村辖区面积为 7.16 平方公里，耕地面积为 5600 亩，其中粮田 2000 多亩，水产养殖塘 3150 亩。全村共有 483 户，26 个村民小组，人口 2400 左右，以汉族为主。

村落位置图

村落俯视

李市村是以水运为依托发展起来的江南小镇，历史上曾是繁荣一时的商业、农业中心。古村境内河流纵横，船坞码头随处可见，家家户户临水而居，形成了独特的江南水乡居住文化和空间格局。流经古村中心区的主要河道北有陈泾河、南有黄瓜泾、中有中山河、西有山泾河，四条河流形成了井字形的空间格局，小巧精致、玲珑美丽。水路南接昆山石牌镇、东连常熟任阳镇、西靠常熟唐市镇、北达常熟白茆镇，是典型的水上交通枢纽。

李市古村历史遗存丰富多彩，拥有古老的石板街、千年古银杏以及景行堂、程家古宅、古码头、古桥梁等多处明清建筑，是江南水乡农耕文明世代传承的生动再现。

二、历史传承

李市村源自明朝，详细的历史渊源已经难以探寻。据当地老人叙述，明代正统年间，朝纲不振，天下大乱，一位李姓商人坐船经过此地，迷路长达九天

村落鸟瞰

之久。于是“位置偏僻、水网发达”的李市地区就成为其“躲避乱世，经营生意”的风水宝地。日后李市村成为李氏大族的定居村落，又因其家族财力雄厚、贸易发达，吸引了周边居民来此买卖和定居，蔚然成市，渐成小镇。李市也因此得名。另有一种说法称明朝有一位李姓官员告老后居于此地，并建有一宅曰“李墅”，此地后来人口渐多，集市繁华，于是得名“李市”。以上两种说法的真伪很难考证，但有一点可以肯定：李市是由明朝一位李姓人士建村并逐渐发展起来的。李市的得名是由村内主要家族的姓氏而来。

中国封建社会后末期，明清战乱、清末太平天国之乱、近代日本侵华之乱等导致中国长期政局不稳，社会不宁。周围的豪门大户纷纷来此避居，李市村由此达到空前繁华的程度。当时常熟地区有两大名镇：被冠以“金”的唐市和被冠以“银”的梅李。而李市则被称为“铁”。其繁华程度可见一斑。

到了近现代，随着公路交通的发展和工业的兴起，李市村的水路运输渐渐衰落，昔日繁华也一去不返。中华人民共和国建立初期曾设李市乡，为乡人民政府驻地，现行政区划为村。

三、村落形态

李市古村历史遗存丰富，主街李市大街，为南北走向的石板街，全长300米；东西走向的李市西街，全长200米；李市东街全长也是200米。历史上李市商铺林立，有米行、杂货店、药铺、肉铺、布店、铁匠铺、茶馆等。

李市古街现存300余座明清民居，保存较好的集中在李市三条老街两侧。有程家故宅、景行堂、沈家古宅、冯家古宅等，其特点是体量适宜、精巧进深。建筑多为三到四进，有天井、后场，二、三进多为木结构楼房。大门虽然不高，但多辅以马头墙，正门端有各式砖雕，装饰有人物、花鸟、祥瑞等不同图案。梁架之上，也多有吉祥图形木雕。几乎每家院后都有石级河滩，配以石制缆环，可见当年河道的热闹。李市古村的砖雕、木雕、石雕具有一定的特色。

李市有多座古桥梁，其中惠绥桥建于明代，桥长4.5米，桥宽2.5米，桥面铺有石板，桥墩为褐色金山石，桥两侧可见回形花纹雕刻装饰；永和桥建于清雍正年间，原为石拱桥，有石桥铭牌；永祥桥建于清雍正年间，原为拱玉石洞桥，桥脚为金山石，桥梁一侧刻有水位标尺。

村内现存有2棵古银杏树，人称姐妹树，已有600多年的历史，村内另有清代程家古井一口。

四、民俗文化

李市非物质文化遗产极其丰富，有国家级非物质文化遗产白茆山歌、苏州市级非物质文化遗产民间故事和宣卷、常熟市级非物质文化遗产李市打铁和道教音乐，另有红木雕刻、社戏、庙会、各种特色小吃等。李市的青团子、花色糕、水豆腐远近闻名，每逢传统节日、庙会，各地的百姓都要赶去品尝。

白茆山歌。李市村原属白茆镇，白茆山歌历史悠久，内容丰富，形式多样，传唱广泛，长期以来已形成独特的流派。吴语地区千古流传着“吴歌”（吴地歌谣的简称），白茆山歌为其重要源泉和组成部分。白茆山歌自古以来就是白茆塘流域广大劳动人民自创自唱的民歌。这些山歌不似才子赋诗之雅，也无佳人悲秋之叹，平淡朴实，抒发着土生土长农民的豁达质朴的胸怀，饱含着爱家乡、爱劳动、爱生活的热情。2006年，吴歌被列为国家第一批国家级非物质文化遗产。

李市民间故事。起源于明代，是苏州市级非物质文化遗产，兴盛于清代，

临河民居

临街民居

理发铺

临河民居

流传到现在，主要内容有神话、鬼怪故事、历史人物、家庭伦理等，每逢空闲时节，村民就会聚集在一起边做小手工，边听故事，消遣时光。

李市宣卷。起源于宋代，流行于清代末期和民国，是苏州市级非物质文化遗产。每逢婚丧嫁娶，家家户户都要请宣卷先生进行“寿生宣卷”、“五七宣卷”、“保家宣卷”等仪式，祈求太平安康。

李市打铁。起源于明代，主要以农耕工具为主，李市铁匠打制的各式刀具特别著名，现在代表性传承人65岁的戈良元师傅还在从事打铁活计。

李市道教音乐。属白茆道教音乐范畴，起源于魏晋南北朝，鼎盛于明代，白茆道士邹洪儒是当时的“大法师”，传到现在已经20代了，李市道士大都师从白茆邹家道士。现在李市人家每逢造房等都要请道士“谢洪”、“做道场”等。

供应正宗香烟

歇马桥

16. 歇马桥

歇马桥村隶属于江苏省昆山市千灯镇，位于苏沪边界，千灯镇区东南侧，千灯镇石浦南两公里处，村庄距离昆山市区约 24 公里，距离千灯镇区 8 公里。村庄南靠苏沪高速，西临一级公路机场路，具有便利的交通环境和区位优势。2012 年歇马桥村被列入永久保留古村落，2014 年被列入第三批中国传统村落。

一、自然环境

歇马桥村为丘陵地貌，村内和周围水系非常丰富，有 361 亩水田，212.6 亩水面，渔业资源特别丰富，村庄中部为石浦河，由南向北呈“弓”形，仿佛一条巨龙盘踞于村中，宽度为 5~25 米，水质较好，河道两岸筑有石驳岸。歇马桥村深藏在苏沪边界太湖流域之中，整个地域河湖水网密布，地势平坦，土壤肥沃。自然环境优越，并且由于行政区位较为偏僻，避免了现代化的过度开发，形成了富足、诗意的居住环境，是太湖平原“鱼米之乡”的典型代表。

在这个古村落里，保留着全长 500 米的古石板路、约 5000 平方米的明清建筑、抗金英雄韩世忠部下修筑的歇马桥以及明清时的孝子牌坊、百年桂花树、百年黄杨。传统建筑主要分布于古石板街的两侧，临河布置，是典型的江南水乡古街。歇马桥村由一条“龙形水系”贯穿南北，形态优美，环境宜人。村落沿河呈带状空间布局，水陆并行、河街相邻，民居临水而建。

二、历史传承

歇马桥村历史悠久，是一座文化积淀非常深厚的古村。据《淞南志》及《昆山县志》记载歇马桥及其集镇始建于宋嘉定年间，旧时既是桥名又是镇名，中华人民共和国成立后成为村名沿袭至今。歇马桥的来历，说法不一。《淞南志》上有这样一种说法：架桥时“驱石计工立马而成，故曰歇马”。另有说：南宋年间，韩世忠驻兵在青龙镇，准备迎战金兀术。金兀术遥见宋营军中“韩”字大纛旗迎风飘扬，不免胆战心惊。月夜，韩世忠单骑来到小镇，把战马歇在石拱桥头，独自步上桥顶举目远眺，察看金营情况，决策了一场重要战役。后人遂把这座

村落区位图

村落格局

村落俯视

桥叫歇马桥。还有一说，南宋名将韩世忠曾带兵在此休整，当时这里水草丰满，部下在这里养憩，为方便石浦江东西两边往来，就在江上筑了一座桥，叫歇马桥。

古歇马桥原为周边地区的商业中心，穿村而过的石浦河是歇马桥的市河，是小镇的商贸中心，赶集的人们大多歇船于石浦河上，进行商品的交易。清朝中期至民国时期，村落空间沿河道为主轴带状发展。以商业和居住功能为主。交通主要依赖水路。村庄中部石浦河以及与之平行的老街，为村庄商贸中心。这一格局一直延续到中华人民共和国成立后，彼时公路运输兴起，村庄向北向南拓展，由于机场路便利的陆路交通条件，两侧逐渐形成零散沿街商业。村庄内部的商业功能逐渐减弱，至今以居住为主要功能。工业用地成为村庄用地的一部分，并改变村落形貌。但歇马桥老街巷格局依旧，呈现以中巷古街为主轴向两边发散的晚清至民国时期风貌的历史街巷。

三、村落形态

歇马桥村东边的市河石浦河，由北向南呈 S 形，集镇沿市河而建，故街道也呈 S 形，南北长约 1 公里，街巷作为通道，又是公共的商品交易之所。赶集的人们大多歇船于石浦河上，进行商品的交易，河埠主要用于停船卸货。改革开放后，水路运输地位下降，河埠主要用于歇马桥村民浣洗、灌溉、打磨等日常用途。

歇马桥主要街道在河西，分上滩和下滩，中间有一条古街道，全长 500 米，南面较宽，约 3 米，北面较窄，约 2.5 米。街道用碎石侧铺而成，地下有下水道，下雨天不会有积水。街道两边店铺林立，集镇最繁荣时共有商户 80 余家，包括理发店、铁行、茶馆、布庄、药店、水果店等。民居保存较完整，均为两层建筑，下店上宅，建筑为明清风格，现尚存许多老式楼房。沿石浦河分布有十余个河埠，条石铺砌，河两侧对称分布。

陈建兴宅第。坐落在镇西北石桥西侧，坐北朝南，占地面积约 400 平方米，建筑面积约 300 平方米。前有五路头小屋 5 间，中有天井，天井两边是厢房，天井后是后厅，九路头平房。后厅高约 10 米，宽约 12 米，深约 8 米，中间无墙壁，前后用 4 根大柱子支撑，后边有屏风门。五间小屋已拆除，后厅和厢房现仍保存完好。

夏文耀宅第。坐落在河西靠南，坐南朝北，占地面积约 400 平方米，建筑面积约 300 平方米。南是大厅，九路头 5 间平房。大厅北是天井，天井两边是

村落鸟瞰

沿河民居

沿街民居

厢房。北面是门面，五路头 5 间平房。

古铜钟。高约 30 厘米，上部直径约 20 厘米，底部直径约 30 厘米，民国二十四年（1935 年）制造，由歇马桥乡人吴菊泉捐赠歇马桥小学。钟上铭文为“敬维斯钟”等字样。该钟尚存，仍在歇马桥小学使用，铜铃已毁。

沿街民居

节孝坊。为旧时旌表节孝妇女的牌坊，是对守节女子的一种表彰。该坊建于清嘉庆年间，位于中石桥北 50 米处，坐西朝东，面向市河。全石结构，雕工精湛，中段中间为镌刻“节孝坊”石碑。牌坊南北两边有二根大石柱，高约 5 米，正方形，边长约 50 厘米。牌坊上额已毁，双侧立柱尚存，其柱上刻有碑文，据《石浦镇志》记载，右联：亲恩报恩懈丹史流芳，左联：子道能全堪羡彤编焕采。属于典型的清代石坊建筑，现石牌坊被一农户砌入小屋内。

众善桥。位于千灯歇马桥村石板老街，东西走向跨于歇马桥市河。歇马桥市河连通大石浦港，现存的众善桥始建于乾隆十二年（1747 年），民国九年又建。石浦港北通吴淞江，宋嘉祐中邑丞沈某疏浚，北宋政和年间又一次疏浚，明弘治十一年工部郎中傅潮来督水利再次疏浚。现存的众善桥为花岗石质地单孔梁桥，桥基稳固，残存部分青石栏杆，桥台阶的踏步下沉、断裂。题名石上有加圈“众善桥”楷书三个字样，清晰可辨。

北歇马桥。建于清乾隆年间，南北走向，跨于大石浦港上，单跨梁桥，桥长 15.06 米，宽 2.38 米，跨度 5.2 米，高 2.67 米。桥为花岗石质地，南正对南歇马桥约 50 米。歇马桥村原是小镇，小镇建于宋代。现存的北歇马桥桥基、桥身松动，栏杆全无，台阶局部下沉，桥耳石刻有“如意纹”图案。

南歇马桥。建于民国，南北走向，跨于大头浜上。大头浜连通大石浦港。桥为花岗石质地单孔梁桥，桥基稳固，桥身在近代维修中局部改为砖砌，栏杆已失。题名石上有“歇马桥”三个楷书字样。桥长 11.6 米，宽 1.8 米，跨度 4.29 米，高 1.9 米。现存的南歇马桥桥基稳固，桥身在近代维修中局部改为砖砌。

四、民俗文化

跳板茶。是流行于昆山千灯镇的一个独具特色的民间舞蹈。用于婚礼场面，向新人、亲戚敬献美茶的礼仪，是水乡婚礼中广为人知的习俗。据《淞南志》记载，北宋祥符元年（1008 年）在千灯镇石浦镇西“道褐浦”河上建“接官亭”桥（因年久成危桥，在 1972 年拆建成水泥桥），在此作为迎送官员场所，成为

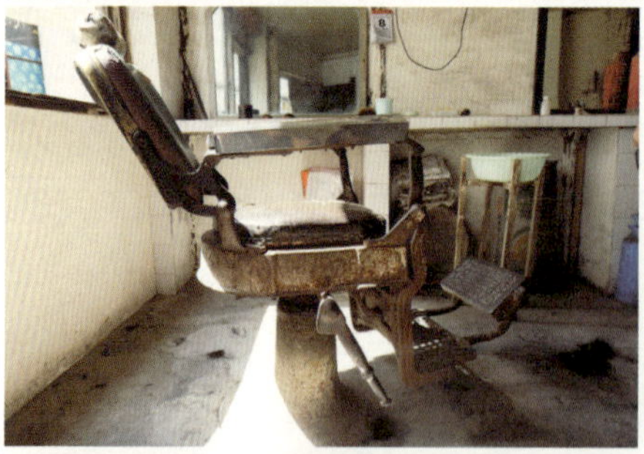

水上官道。当地官员为了表示对上级大官的尊敬，在官船到码头，众随从踏上跳板，走上船头行献茶、敬茶礼仪。因走上跳板献茶敬茶故称之为“跳板茶”。之后慢慢流传到民间，被“茶担”接传后，加入技艺，变成技艺敬茶节目，专为喜庆人家服务。茶担中跳“跳板茶”者称“舞盘手”，年轻健壮，矫捷灵活。基本舞姿：双手各托一茶盘，盘中放茶杯；舞盘有单出盘和双出盘，托盘上下、左右、内外旋转飞舞。要点：舞盘时不能失手、盘不能被落地打碎（喜庆人家称不吉利）。受礼对象：新郎新娘、新婆婆、二亲家公等。表演套路：红毡单折成二尺宽，象征跳板，从门口铺至桌前，舞盘手走在红毡单上表演“舞步摆茶”“舞盘献茶”“飞盘敬茶”“旋技翻盘”四套献茶礼仪。虽然表演时间不长，由于舞盘手的精彩技巧，非但得到受礼者的赏识，还倾倒了在场众多的观看者，其热烈程度不亚于新郎新娘婚礼场面。久而久之成了老百姓喜闻乐见的节目，也是千灯地区独特的民间文艺——“跳板茶”。

茶担。作为茶文化的一个载体，是旧时茶馆业派生出的一个服务体系，茶担是以茶为媒，把服务延伸至民间，专为置办婚丧喜事的人家提供茶事业服务的一个行当，与茶馆有着异曲同工之效应。20 世纪 30 年代至 50 年代初，在歇马桥镇（现为村）及周边乡间较为盛行。茶担专事为乡间男婚女嫁操办喜事人家装饰厅堂、提供轿子、供应茶水、温（烫）酒摆茶等服务，具体到泡茶、续水、“绞面汤”、抹凳擦桌子等。“茶担”为东家（乡间把办喜事人家称之为东家）的来宾、客人茶事招待是重头戏。在歇马桥乡间，人们习惯上把茶担称之为“茶炉子”，把专司茶担之职的人称为“茶担”。在歇马桥方言中把办喜事人家请茶担帮忙称为“告”茶担。

村落环境

柳茹

17. 柳茹

柳茹村位于镇江丹阳市延陵镇，距离丹阳市区 8.8 公里。丹西路、丹茅路、丹延路从村旁穿梭而过，距离 312 国道 10 公里，交通便利。生态环境优美，处于苏南丘陵地区，资源丰富。全村总面积 7000 余亩，人口近 3100 人。

一、自然环境

柳茹村地处苏南的丘陵地区，布局根据村地形布设，四面均有大面积湖塘，是典型的鱼米之乡，村内和周围水系非常丰富，有柳茹大塘等 5000 亩水面，渔业资源特别丰富。有大量良田，香草河流经柳茹附近，因而百姓生活富足。经过几百年的历史变迁，柳茹村的地形地貌依旧。

二、历史传承

柳茹村形成于南宋初年，距今近 900 年历史。根据民国版《贡氏宗谱》和《岳氏宗谱》等文献记载，柳茹村形成的年代是公元 1141 年，也就是民族英雄岳飞被害的当年。岳飞被以“莫须有”罪名杀害后，岳飞的好友、秣陵关总镇

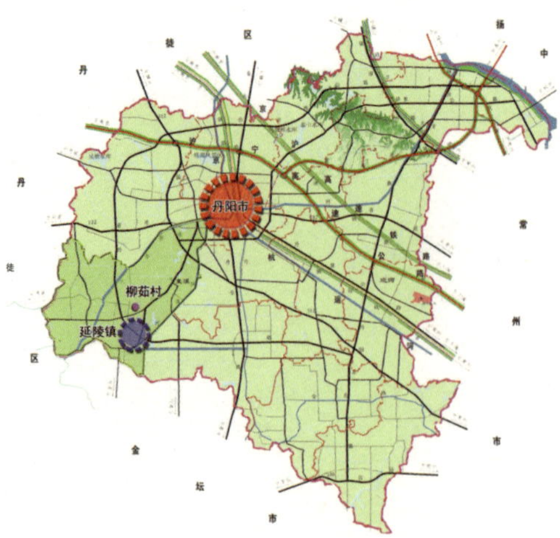

村落区位图

主要街道

传统建筑分布

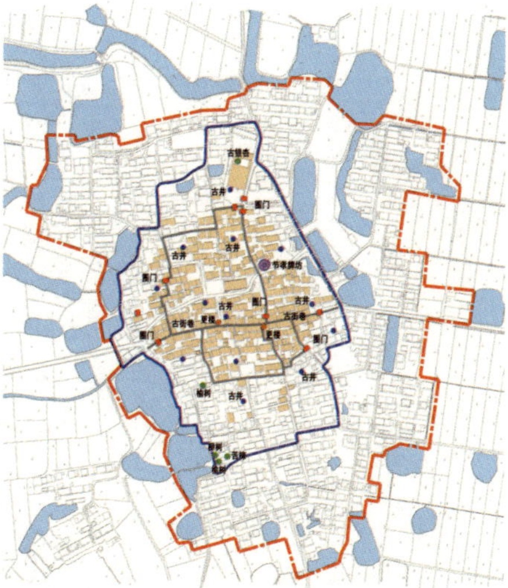

主要历史遗存

贡祖文冒死保护岳飞第三子岳霖，辞官隐居丹阳柳塘。此后贡祖文和后代一直定居在这里，开凿了沟渠，种植了大量柳树，在塘中养鱼。后来子孙繁衍众多，逐渐形成了柳茹村。岳飞案平反昭雪后，南宋朝廷授予贡祖文“旌表忠义”匾额，以表彰其“救孤”之功。

三、村落形态

始建于宋代的柳茹村是一座有着悠久历史和深厚文化积淀的古村落。由于人口多和安全防御的需要，在漫长的年代中，柳茹村形成了以村中的大巷为中轴线的菱形村庄布局，村中有多条错落有致的支巷，各个道口都有拱形圈门，可以随时关闭，其中两个圈门上还建有 7 米高的更楼，分别为“涵春楼”和“聚秀楼”，在更楼上可以居高临下放哨。村里原有古井 13 口，形成了“九圈十三井”的城堡式村庄格局。这一格局一直延续到中华人民共和国成立初期。后来，圈门和更楼被拆除，古井栏所剩无几，但老街巷格局依旧，呈现以中巷古街为主轴向两边发散的晚清至民国时期风貌的历史街巷。村中传统建筑占村庄建筑总面积的 25%。

重要公共建筑贡氏宗祠、眭氏节孝坊、王公祠、大会堂以及贡氏书院 5 处文保单位，以村中大巷为中轴线，分布在中轴线周围。

贡氏宗祠。堂号名曰“萃涣堂”，始建于南宋嘉泰三年（1203 年），由五世祖志信公发起建于南庵，后经历史沿革，经历几次破坏和重新修葺至明万历

村落俯视

十八年（1590年），由18世孙西桥公首倡其议，将南庵祠搬迁到柳茹村北爰樨公奉献之圃地，重建而成，前后历经800多年沧桑。宗祠为三进两厢，前庭院照壁，两个大门分开东西两边围墙，成拱形圆门，东门砖雕“腾蛟”二字，西门砖雕“起凤”二字。第一进为正大门门楼，门边一副对联，上首为“千秋史册颂匿孤盛德”，下首为“万古湖山扬儒将遗风”，眉联为“鸿图肇业”。门两旁竖立两根旗杆，东边为“还我河山”，西边为“忠义匡国”，大门上方由宋孝宗特赐“旌表忠

村落鸟瞰

节孝坊

贡氏宗祠

义”御匾一块。第二进为正大厅，名为“萃涣堂”，为祭厅。由春秋时期的端木子贡、西汉的贡禹、南宋的贡祖文三公神位牌组成。第三进主要由贡氏族谱世系图组成。三进共同构成了贡氏宗祠。贡氏宗祠环境十分幽静，集江南园林风格于一体。中进院内植有一株古银杏树，距今近 500 年。

眭氏节孝坊。建于清乾隆九年（1744 年），是为了表彰贡荫三妻眭氏，故而称之为眭氏节孝坊。节孝坊是镇江周边地区内，保存最为完整的贞节牌坊之一，是一座珍贵的石刻无声历史文物，现为丹阳市文保单位。节孝坊为 3 门式，坊柱门呈品字形，宽 6.15 米，高 5.5 米。坊柱间青石上雕花纹图案，下镌官宦名人题名。其造型两旁石柱稍低于中间，分别夹嵌着青石横梁和石板。横梁上雕有图案，青石板上左右分别镌刻“贞明执操”、“瑶池冰雪”。坊上额镌有“圣旨”二字，下方横额镌刻有“旌表处士贡荫三妻眭氏之坊”。今此坊尚存，唯此坊顶端石葫芦已被拆毁。

贡氏书院。原名“友于堂”，建于元大德六年（1303 年），由贡文宝所建，因与弟文虎、文豹友于之谊，故称为“友于堂”。元大德九年（1306 年）由贡文宝之子贡子仁办成“远山书房”，用作办学所用。清咸丰十年（1860 年）庚

民居

申之变后进被太平军所焚，光绪年间重建。明、清、民国从柳茹走出去的许多名人，都曾就读于此，办学历史近 700 年。

王公祠。始建于明朝天启年间（1623 年）。是当时老百姓为颂扬明朝丹阳知县王志道，集资建造的。明天启年间，丹阳南乡遭受蝗灾，时任丹阳知县的王志道，坐镇柳茹村，身先士卒，指挥发动当地百姓，歼灭蝗虫，确保了当年的庄稼成长。他这样体察民情,赢得了百姓的好评。王公祠是为他建造的生祠。王公祠门上悬挂着由王志道的“里社干城”的匾额。祠内为三间二进，前后二进中间隔有一小庭院。前一进三间，前后中间分断隔开，前面为很宽的过道厅堂，东、西、南三面设了进出圈门，北面为祠堂的正大门，过道地上铺着方砖和石板。祠内两块匾额悬挂于祠内。一块是“惠我无疆”,另一块是“不显亦临”。

柳茹大会堂。建于 1965 年，在 20 世纪 60 年代主要用于柳茹村村民开群众大会、文艺演出、唱大戏（越剧、锡剧、京剧、丹剧等）、文艺会演（各村文艺节目比赛）、放电影。

柳茹古巷道。始建于宋代，主要用于群众生产生活交通用途。现今，古巷道两旁各种小店林立：三家豆腐店、两家理发店、三家小酒店、小吃店、三家

民居

小百货店、两家药店、布店、烧饼油条店、邮政代办所、秤店、中医小诊所、西医小诊所、四家茶馆（弹评说书）等，很热闹。

圈门。始建于宋代，当时作为通道，共九个圈门，都在村庄的出口处，东圈门在王公祠附近叫“太平门”，南圈门在村民吴柏荣家附近叫“南极门”，西圈门叫“吉庆门”，北圈门在贡氏宗祠附近叫“北斗门”，其他五个圈门年代久远名称不详。

四、民俗文化

从明万历年间经历清朝到1949年近400年的历史中，柳茹村为纪念王志道，每年正月二十都举行一次规模宏大的庙会。出会线路为抬出王志道的官轿从村东出发，向北经杭甲村、村北关王庙、村西观音庙、南庵庙，回柳茹（围绕柳茹村转个圈），行进的路上有艺术表演，有锣鼓队（30多人）、腰鼓队（40多人）、马灯队（40多人）、叠罗汉（10多人）、龙灯、荡舞船、舞狮子等。正月十九、二十、二十一晚上唱大戏，戏台上两边挂着一副楹联：上联为柳塘秀接茅峰，流水高山莫非雅韵；下联为星火光腾月下，天上人间共此良宵。

民居

民居

儒里

儒里

18. 儒里

素有“儒人之故里”之称的儒里村，有近700年历史，是古代京口往云阳（丹阳）的必经之地，曾有一番牛车辘辘、商贾云集的繁荣景象。2013年8月，儒里村被公布为第二批中国传统村落。

一、自然环境

儒里地处丹徒、丹阳、扬中三县（市）交界处。儒里坐落在姚桥镇最南面。东边长江，南面太平河，西边是镇江新区拆迁后打造的“万顷良田”，北面是五房河。常泰高速与儒后公路纵横南北，王里桥有通江码头，水陆交通便捷。

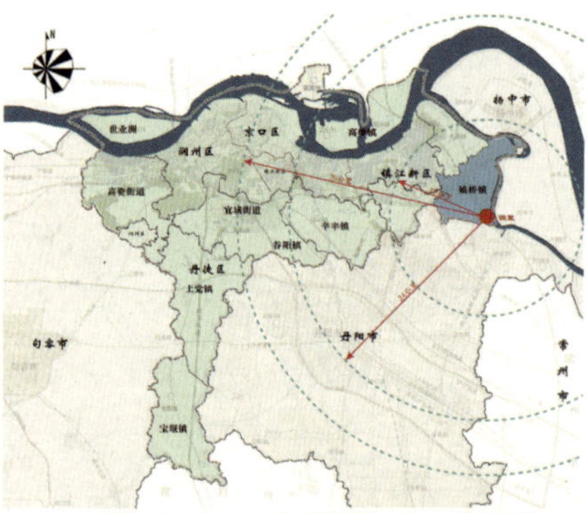

姚桥镇、儒里村在镇江市的区位

儒里村在姚桥镇的区位

村落区位图

儒里村由15个自然村组成，现状户籍人口3618人，常住人口2950人，行政区面积3.252平方公里。进入村口有座古色古香的高大“儒里大门楼”，门边有“江南古村”巨石。除有两条现代马路街市、菜场商铺供居民买卖外，还有两条T字形南北、西石板老街，此外有双卷门、祠堂，还有三处花园亭台楼、葡萄架供人休憩，村内古民居、古祠、古木、古井、石牌坊散布各地，相映成趣，一片古朴风韵。

儒里为沿江圩区，头进田海拔5~8米，分布着渗育型水稻土类的黄沙土；二进田海拔4~5米，以沙底黄沙土为主；三进田海拔4米左右，分布着潮土类的漏沙土、夹沙土。

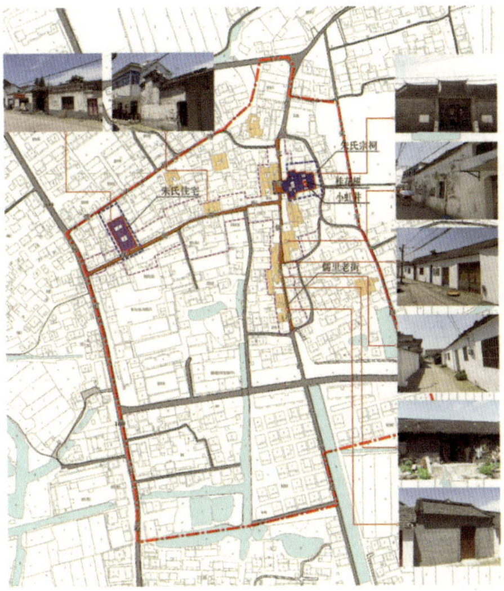

主要传统建筑

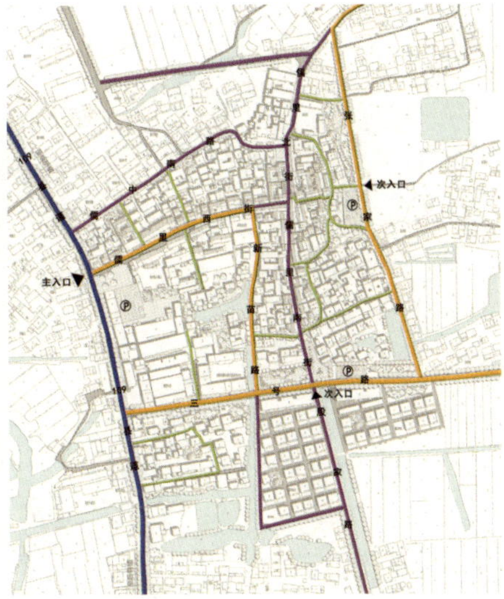

主要街道

二、历史传承

丹徒古为囚徒充军发配之地，儒里当时也只是长江航道东移后留下的一片江滩沙地，一直到元末明初（距今约650年），在山东任提刑的朱文通（朱熹第八代孙）押解了两个江洋大盗前来服刑，因路途遥远，加之其父从湖州竹墩迁居镇江焦山，故而不愿再返山东，便在这片荒芜的江滩上围堤造田，成家立业，繁衍子孙，是为“围里”始祖。“围里”二字，顾名思义即以土堤围之，在里面安居耕作，“围里”便成原始地名。朱文通生三子——双一、双二、双三。长子无传，次子他徙失考，双三传后，世居“围里”，后改“圩里”。光阴荏苒，朱氏子孙日众，外人遂称之为“朱家圩”，这个名称一直流传到抗日战争之前。“朱家圩”、“儒里”在《二十四史》中不见，但民国《清史稿》中有“朱家圩有汛”（卷五十八）。近代史学家陈庆年《京口兵事通纪卷咸同剿平粤匪记》记载，（手稿藏镇江市博物馆）“（同治二年）十一月，贼（太平军）自朱家圩谋犯太平洲（扬中），总兵李起高御之龙虎埭，参将吴奇勋以师船夹击走之”。光绪五年（1879年）《重修丹徒县志》载“东乡儒里朱氏族广人众，当咸丰十年四月，朱梓、朱开基、朱绍基、朱应奎等与贼恶战八日之久，杀数十人并获其酋”。后来太平军调兵遣将“焚杀数十里，朱族被戕及自尽者二千馀人，其宗祠、村舍概火无存，且

村落俯视

悬万金赏而欲得朱姓首义者而甘心焉”。

当地人士研究，“儒里”一名是清康熙年间或稍后之事。“儒里”地名的由来，其实就是由于当时朱氏子孙得“功名”者众多，又是朱文公朱熹的后裔，认为是“儒人之故里”，故而改“圩里”为“儒里”。传有宗祠内挂红底金字“学达性天”匾额，系御赐，且《宗谱》亦有关于此匾记述，如今挂匾铁钩尚在。祠内厅堂曾满挂举人、进士匾额。

儒里人口以朱姓为主。当地相传并据《（儒里）朱氏宗谱》（民国十二年木刻残本）载，因朱熹嫡裔八世孙朱亨

村落鸟瞰

村落鸟瞰

朱氏宗祠

三（字文通）在元朝末年（1338年左右）来此落户渐成村镇，现传至第34代，儒里朱姓氏族就聚居在以儒里古镇为中心1华里圈内，后又发展到2公里的各自然村。朱氏繁衍似辐射状向四面八方扩散迁徙，远及大江南北，甚至海外。姚桥镇内的朱姓居民绝大多数出自儒里朱氏。曾有统计，姚桥镇全镇户籍人口4.8万人，其中朱姓人口为6879人，“儒里”已成为文化地理概念的符号。

三、村落形态

儒里遂由村落渐成古镇，先依长江平行，建成南北街道，在中心建起卷门祠堂，原为三间两进四合院，到康熙二十五年又扩建成现存规模，后又向西发展，形成西街，在西街上建起规模更大的西分祠（现已拆建中学公寓），此后人口日渐增多，西墙门、殷家村、爵家村、大七桥、殷家桥、寨桥等四处扩散，如今已形成大儒里村的格局。儒里古村体量宠大,有十几个自然村落紧紧相连，对外统称儒里。

老街区以传统房徽派建筑为主，南北街与西街交接成全长676米的T字形古街，以花岗块石铺就。从西街向南沿河是一条砖铺路直达新马路，构成三大块传统住宅区。老区中心是双卷门，朱氏宗祠省级文物保护单位，这里保存了古柱、古井及朱子传统文化，大型石雕《儒里春秋图》浓缩了儒里七百年历史。从老街向西便是市文物保护古民居，1200平方米明代建筑，三进徽派，砖雕石刻，精雕细琢。过马路向西有始祖墓亨三陵，占地十余亩，青砖围墙，麻石神道，三座古墓，明代墓碑，石人、石桌。

1. 朱氏宗祠

朱氏宗祠，由朱熹嫡裔始建于明朝初年，三开间两进，原本简陋。到清康熙二十五年（1686年）扩建，祠堂坐东朝西，今存三进17间，占地面积1100平方米。第一进门厅面阔五间，对面为大照壁，中间形成广场。第二进中厅五间，原曾悬挂康熙御赐匾及功名匾8方，第三进后厅五间。粉墙黛瓦，飞檐翘角，砖雕石刻，朱漆镏金，是徽派建筑在苏南的一个“盆景”。目前祠内拥有“三真、两古、一绝”（康熙御书“学达性天”匾、朱熹遗墨抱柱楹联、朱柏庐手迹《治家格言》大屏木刻；600年前的古桂花树、古井；一尊3.2吨汉白玉文公立像）和“一碑一诗一景一典”（小虹井、小武夷、回头碑）等。大门对面照壁上，制作巨幅花岗石浮雕《儒里春秋图》，以一组九画面浓缩了儒里古今700年历史。

2. 朱氏老宅

现存的老宅有三进，徽派风格，属砖雕仿木结构，前后共四道门，纵深50多米，占地面积约750平方米。距今已有500余年历史，其主人是朱熹三十代孙，70多岁的朱谷玟老人。据老人介绍，这座老宅在太平天国时（大约在1853年）曾遭战火焚毁破坏，只留下几面墙和几间方砖地面。老人的曾祖父便带着一家人迁居苏北东台，在当地经营着三家“酱园店”，曾祖父还做过该县商会会长。50多年后，1905年，作为家中长子，老人的祖父带回积攒的一万块大洋，对老宅进行了整修，使用的砖瓦都是当年保存在家中的老宅砖瓦，建筑风格也与老宅一样，五开间三进，保留着明代特色。老宅头道门的一面墙当年躲过一劫，完全是明代的原物，嵌在墙上半米多高的拴马石，正方石块中间花纹呈圆形，里面是一个葫芦状的空心把手，用来系绳子。原来拴马石底下还有一个供马夫休息的石椅，大门两边院墙上都有，后来被拿去造桥了。二道门门口有一对硕大的青皮石鼓，石鼓上分别刻着狮子和麒麟，雕刻精细，栩栩如生。正对着大厅的花墙，同样是经历战火浩劫而幸存下来的。花墙的上方，嵌着“紫阳世泽”四个刚劲有力的大字，“紫阳”是

朱熹的雅称，寓意世代受朱熹的恩泽。八匹栩栩如生的砖雕骏马、“八洞神仙”和数十个字体不同、写法各异的砖雕“寿”字，组成精彩纷呈的“百寿图”，分布在“紫阳世泽”四周，依稀可见当年的雍容华贵。花墙左右角部分砖雕颜色有异，呈火红色，是经历大火烧烤的痕迹。隔着四方的天井，正对二道门的是大客厅。地面方砖斜纹铺设，是官宦府第的标志，尤其是明朝的大镜砖，取其光滑如镜之意，可见当年的考究。大厅的屏门后面有第三道中门，此门是进入后堂的唯一通道，后堂是大宅门的最后一进，是木结构的“走马楼”。所谓“走马楼”，就是两边都有楼的木楼梯，一在东边厢，一在西边厢，人们可以随意地从这边上楼梯，穿过所有楼屋的廊子走到那边下楼梯，形同走马。木楼两层，尽皆雕花木栏杆、半截花格木窗，楼上的楼板、门窗、板壁，全是杉木制成。楼下堂屋为落地长门格扇，两边上房老人居住。正面靠后还有一排屏门，上挂山水中堂和于右任的草书对联。楼上是一间间闺房绣阁。堂屋屏门后藏有一道后门，这是中轴线上的第四道正门。出后门便是当年的后花园，由两道院墙夹着一条小河构成，有院门通外。

3. 敦睦堂（张氏祠堂）

敦睦堂（张氏祠堂）位于儒里古村落东北方向的夹沟村，与儒里距离仅500米，始建于明嘉靖年间，现屋主为张氏祠堂迁始祖第23代传人张家全老人。祠堂地处龙凤之势，环绕小河，河边形成土龙，龙头有棵大白果树，长腰龙身。现于屋宇间的高阜上长着的白果树，连根双株，为一雌一雄，高而挺拔，景色优美，为张氏祠堂一景。张氏祠堂大门前，原排列六根大圆石柱上再竖直木杆，“得举旨旗，旗立杆志”，传说旧时立旗杆氏族中必有人中举或为朝廷命官，现在大圆石柱尚存。祠堂前有五亩多地的荷花池塘。祠堂大门上有明代雕石“光前裕后”金字，进门一对石狮，门柱上有“乔迁润东，源远流长”的楹联。进二门风火墙壁上方石块雕刻“垂裕后昆”大字。大厅地面上铺设正方地砖，正梁上方有匾“纯孝回天”、“格孝回天”。厅内还有“敦睦堂”、“举人”、“岁进士”、“望重乡邦”、“兄弟联缥”、“文魁”等二十多块匾额。后进为四合院型，两旁走廊栏杆、门雕刻玲珑剔透，精雕细刻。后进设先祖牌位，上方有“婺源分派，明迁始祖”两块金匾，正中悬挂迁始祖画像，两侧是众显祖牌位。

四、民俗文化

儒里朱氏宗祠原为一年四祭（清明、夏至、七月半、冬至），到民国改为春秋两祭，该风俗延续至1948年，中断60年后，至2008年春恢复。作为民俗文化现象，祭祀表现了华夏子孙对列祖列宗的崇敬追念之情，也是遵从圣人叫道慎终追远的一种表现形式，借以传承孝道，表达孝悌之心。祭祀的程序为：开祭，擂鼓三通，鸣金三品，鼓乐齐鸣，大开正门，内外张灯，鸣放礼炮，各司就位，仪仗队进场，上供、明烛、上香、祈告天地，恭请祖宗入席，三献吉礼，恭读祭文众生祈福，礼酒敬松毛，祖宗赐福，礼毕，恭送，烧纸，午餐后扫墓等。祭祖形式古朴典雅，具有浓郁的乡土民风，有着较高的古俗民情价值。

儒里朱氏祭祀大典仪轨，是宗族文化的化石。不仅具有观赏性，更具有教育性。在儒里朱氏宗祠木雕中更蕴含丰富的孝道以及其他传统文化，留给后人的是朱熹子孙的重教兴学之风和醇厚孝道。儒里，其所传承的就是儒家朱子思想文化，儒里朱姓后世不但以姓为荣，更以读书向学、追求完善作为村落文化的核心。

九里

19. 九里

九里村隶属于丹阳市延陵镇，地处茅山老区，丹阳、金坛、丹徒三县交界处。九里村内有驰名中外的“江南第一庙迹”季子庙，并有文物古迹 6 处。

一、自然环境

九里村在市域中位于西南部位置，距丹阳市区约 20 公里。在延陵镇域中位于南部位置，距离镇区约 4 公里。九里村是九里行政村管辖的 12 个自然村之一，位于行政村东部区域。九里村北侧为二级公路丹茅公路的延茅路段，东可至丹阳市区，西至句容、茅山风景区。村庄西侧 8 公里处有高速公路匝道与扬溧高速互通，可通过扬溧高速可到达镇江、溧阳、金坛、南京等地区，交通条件便利。

村域范围内自然风光优美，河流湖泊众多、农田广袤。两条河流流经村域内部，分别为村域西部的通济河和东部的香草河，香草河、通济河组成了大运

九里村在江苏省的区位

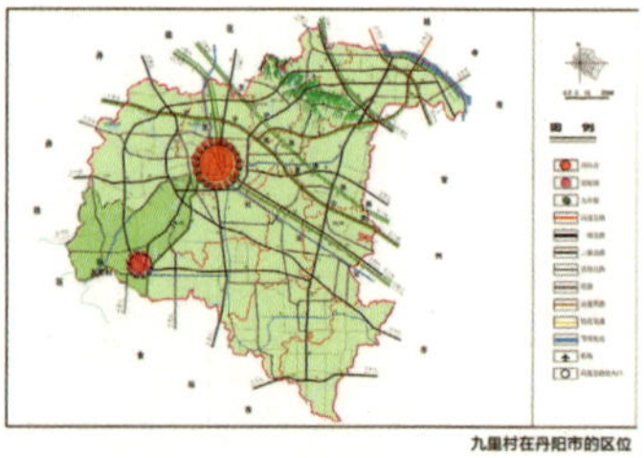

九里村在丹阳市的区位

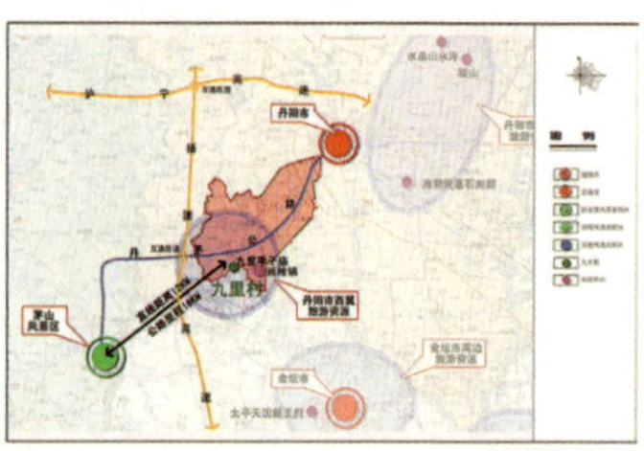

九里村周边交通条件

村落区位图

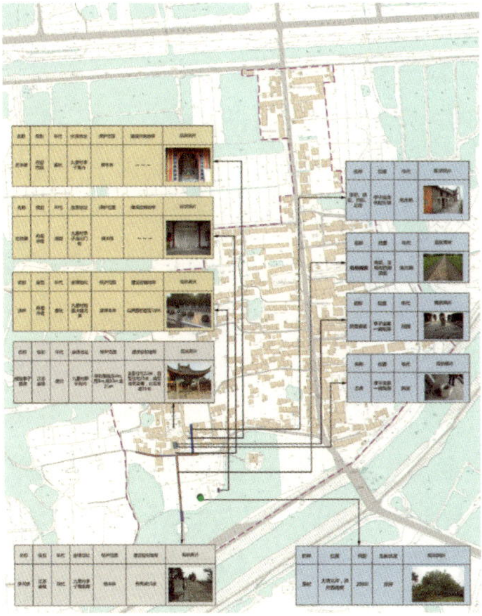

主要历史遗存

村落街巷

河镇江段重要的水陆支线网络，为九里的发展提供了重要的水运资源。两条河流在村域南部交汇。随着历史的发展及水路运输地位下降，九里周边的水塘逐步缩小，现保留有大量的湖塘水系。村域范围内大小水塘密布，主要用于渔业养殖；在村域西部和中部，存在两处相对集中的水面，除建成区、水体之外其他均为农田，主要种植水稻、小麦，局部地区少量种植苗圃。

从地形地质地貌上看，九里地势较为平坦，土壤类型基本属于油泥土；季风气候明显，适宜农作物的生长。九里行政村现有 12 个自然村，共计 5870 人。

二、历史传承

九里村的地名来源于延陵古县。西晋至北宋年间，古城丹阳西部曾有县城延陵，它既包括今丹阳延陵、行宫九里一带，也包括金坛和武进等地。村庄因距古延陵县九华里而得名九里村。

九里村原为湖泊，称“万顷洋”。万顷洋退去后形成万顷洋滩地，又称“万顷圩”。村民开始在此处定居，但村庄规模很小。季子死后，后人将其安葬于此，季子的第四个儿子在此定居守墓，吴氏宗族成为九里村重要的一支宗族在此繁衍。季子后代在季子墓修建了季子祠祭祀，后改称季子庙。季子庙开启了九里村的发展序章。周围的百姓因崇尚季子高尚的品德，来此祭拜，季子庙香火旺盛，也吸引了一些人来此定居，村庄规模逐渐扩大。

明代以前，由于受历朝历代统治者的推崇，季子庙规模逐步扩大，其影响力也逐步扩大，吸引了越来越多的百姓来此叩拜祭祀，九里村得以逐步发展。明清时期，随着资本主义的萌芽，九里村凭借优越的水陆交通运输条件和因祭拜活动形成的庙会吸引了大量人气，形成了以码头为中心的集散地。季子庙周边的十字形街道两侧商业兴盛，店铺林立，人流如织，一度成为丹阳西南部重要的商品集散地。此时村庄仍以吴氏宗族关系主导村庄发展。民国时期，水路运输地位下降，九里村商业逐渐衰退。抗日战争时，季子庙损毁后，村庄逐渐萧条。1978 年改革开放以后，九里村重新发展，随着马山门路的修建，公路运输条件便利，马山门路两侧商业兴起，逐步取代类十字形商业街。1999 年，九里村村委会开始重建季子庙。农村基层组织逐步取代宗族关系。2007 年后，因九里景区建设需求，村庄由村委会整体征收、利用，新建集中安置区位于香草河东南面。

三、村落形态

九里村绿化环境优美，拥有大片农田，村落周边水体环绕，乡野气息浓郁；村落农业发达，拥有耕地面积 7500 余亩，水面 3500 亩。居民主要居住在一二层的院落式建筑中，民国时期的住宅建筑均为一层，砖木结构，墙体为青砖砌筑，门窗采用木质。

村落北侧有二级公路延茅路，是村落对外联系的主要道路，沥青路面铺设，道路两侧为 15 米宽绿化防护带。村落南侧边界为堤坝西路、堤坝东路，北侧边界为朝阳河西路、朝阳河东路。其中堤坝西路已经经过整治，路面宽度 7 米，水泥铺设；堤坝东路、朝阳河西路、朝阳河东路为土路，约 2.5 米宽。村内道路分为三级：主干道、次干道和步行道，马山门路为村落内主干道，路面水泥铺设，宽约 10 米；季子南路、季子中二路东段、九里粮管所门前路为次干道。其余道路均为步行道。

季子庙。原称“季子祠”，季子死后，后人为纪念他，在墓旁建祠祭祀。季子祠经过秦、汉两代的扩建、修葺，遂初具规模，便改称季子庙。季子庙建于季墓左侧（东），坐西朝东。魏晋南北朝时期，历代帝王、官员对季子敬重有加，季子庙规模逐渐扩大。南北朝时，萧齐王朝对沸井的大肆宣扬，使季子庙名声大振。唐垂拱四年（668 年）狄仁杰任江南巡抚大使，大毁吴越淫祠一千七百余所，唯有季子庙不废，与泰伯、夏禹、伍元（子胥）之祠屹然并峙。

失修的传统民居

唐大历十四年（729年）对季子庙进行大改造，正对“季子碑”坐北朝南建祠（正殿），恰好建在季子墓上。又将原祠内季子塑像移陈新建正殿。润州刺史萧定摹开元年间殷仲容拓片重刊于石(世称唐碑)，延陵守令卢国迁建亭立堂保护，成为流传千古的“十字碑亭”景观。

北宋元祐三年（1088年）九月，季子庙被敕赐“嘉贤”庙号，季子亦被封为“嘉贤大帝”。北宋宣和七年（1125年），又一次翻建季子庙。由于金兵入侵，耽误了建筑时日，至南宋绍兴元年（1131年）才完工。季子庙经唐宋两次重大的改造和修建，其规模在江南庙宇中已首屈一指。祠庙建筑气势恢宏，整个建筑前后五进，占地面积30余亩，分别建有献殿、大殿、父子阁（阁中供奉孔子铁铸像，现存南京博物院）、让王楼、戏楼廊房等建筑群共有九十九间半，整体建筑围绕季子的一生高风亮节而设计建造。

元至正五年（1343年），在季子庙前的河道（老香草河）上建奈何桥，因朝廷规定过此桥时，文官须下轿，武官要下马，故名奈何，又名季河桥。明玄德元年（1426年），在夫子阁（正殿后，原供有铁铸孔子头像）后新建让王楼，设兴让堂。堂内设季子兄弟及季子夫人塑像。至此，九里大帝庙的规模与格局业已定型，后世一直未改。其布局为坐北朝南，从南至北依次为头（上）山门、二（下）山门、戏楼、碑亭、香炉宝鼎、献殿、正殿、夫子阁、让王楼。这些建筑的两旁是廊房，廊房内供奉着海龙王、雷公电母、地藏王等各路神仙的塑像；正殿中央矗立着高大的季子塑像，两旁各有2名侍奉官，其中2名武将（杨、

传统民居

李）为守殿将军。神座旁还有一块奇石，名消水石（水流上去很快就会干掉）。此外，还有许多诗词石刻。这些石刻不仅有很高的艺术价值，更重要的是石刻内容都歌颂了季子的高风亮节，使得历来的骚人墨客都慕名而来，一睹季子这位历史贤人的风采和沸井奇观，欣赏石刻的艺术，遗憾的是这些石刻在季子庙被焚以后，多数已散失。

明朝时期，地方官上任都要召集百姓在农历四月十三日——季子的诞生日这天聚集在季子庙，在季子庙神像前祭祈。因而将这天定为每年的庙会来纪念季子。清乾隆年间，又命八月十八日增加一祭，季子受朝廷如此尊崇，因而季子庙声誉也就更隆。百姓们祈雨禳灾，求福问卜都要前来祈祷、叩拜，每当春秋香讯之际，游客云集，香火鼎盛。碑中曾有“车毂击，人肩摩，舟如织”的记载。“上茅山，徊九里”已成为江南一带妇孺皆知的口头禅，季子庙也更加闻名遐迩。太平天国时期，太平军到九里，曾拟将季子庙焚毁，后了解季子之美德，又将已堆成的柴薪撤掉，季子庙幸免于难。

民国时期，军阀混战，若干廊坊均遭破坏，地方官府不问，只得由各村组织募捐修建，季子庙才得以保存。抗日战争时期，季子庙毁于战火。

村落俯视

1999 年，恢复建设。

九里村西街 6 号民居。建于民国时期，建筑面积 78.7 平方米。建筑坐北朝南，大门朝南。建筑面阔 1 间，进深 6 界，木构架采用圆作穿斗式，用料较小，目前建筑保存较好。

九里村西街 11 号民居。建于民国时期，建筑面积 88.9 平方米。建筑坐北朝南，大门朝南。建筑面阔 2 间，进深 8 界，为内四界前后双步做法，木构架采用圆作穿斗式，用料较小。目前结构保存较为完整。

九里村北街 12 号民居。建于民国时期，建筑面积 53.89 平方米。建筑坐北朝南，大门朝南，结构保存较为完整。

九里村北街 3 号民居。建于民国时期，建筑面积 12.6 平方米。建筑坐南朝北，大门朝北。建筑面阔 1 间，进深 6 界，木构架采用圆作穿斗式，用料较小。

九里村北街 3–1 号建筑。建于民国时期，建筑面积 130.2 平方米。建筑坐西朝东，大门朝东。建筑面阔 4 间，进深 6 界，为内四界前后廊做法，木构架采用圆作抬梁式，用料较小。

九里村北街 3–2 号建筑。建于民国时期，建筑面积 98.6 平方米。建筑坐北朝南，大门朝南。建筑面阔 2 间，进深 6 界，为内四界前后廊做法，木构架采用圆作穿斗式，用料较小。目前建筑保存较好，为研究当地民居提供了实例。

九里村马山门路东粮仓。建于 20 世纪 70 年代，建筑面积 2138.4 平方米。砖混结构，木桁架上搁水泥梁，砖墙承重，是九里村 20 世纪 70 年代厂房建筑的典型代表，目前建筑基本保持原有建筑风貌，对保护九里村时间序列上的完整性和延续性，具有重要的意义。

延陵季子墓碑又称“十字碑”。据传是孔子为季子墓亲笔题写，故墓碑又称“孔碑”或“十字孔碑”。碑高 2.34 米，宽 1.06 米，厚 0.12 米。碑文共十字，“呜呼有吴延陵君子之墓”（一说孔子只题“呜呼有吴君子”，唐时殷仲容重拓此碑时加了“延陵”、“之墓”，碑文始有 10 字），其历史和艺术价值弥足珍贵。石碑背面刻有碑文《改修吴延陵君子之墓》，因历代绵远，其文斑驳，唐玄宗开元中，敕殷仲容摹拓之，碑才得而传之。殷仲容是唐代著名书法家，唐明皇李隆基命这样一位资深书法家摹拓季子碑，说明朝廷对季子庙的尊崇和对十字碑的重视。唐代宗大历十四年（与前相隔 53 年），润州刺史兰陵萧定见季子庙和季子碑破败不，便发起改建季子庙。在他的精心策划下，以突出“十字碑”为思路，把正殿建在季子墓上，使其与十字碑前后呼应，一改正殿的东西向为坐北朝南，并重摹刻石，碑阴之文为张从申书。唐德宗建中元年，又新勒“十字碑”，立于原十字碑旁，延陵县令卢国迁建亭立堂保护（原碑于宋嘉靖十二年之后湮没），并举行了隆重的落成典礼。故延陵季子墓碑既称“十字孔碑”，也称“十字唐碑”。历代对延陵季子墓碑的艺术价值评价甚高。千百年来，许多朝廷命官、名人贤达慕名前来观瞻。

季河桥。老街南端濒临老香草河（1972 年，香草河拓浚后改道，不再从庙前老河经过），一名季河，河上建有一座石拱桥，名曰季河桥。此桥建于元至正三年（1343 年），乃昌国寺僧人投资所建，结构坚固，造型美观，历经数百年，桥身毫无损坏，桥身的两边各嵌有两个石兽头像。

沸井。有 1600 年以上历史，在南朝初期已成为季子庙的重要景观。现沸井群共有六口沸井，在季子庙东侧一字排开，井口之间距离很近。根据志书记载，古代这里有井百口，其中一部分是沸井。现存的六口古沸井各相距尺许，井水三清三浊，三口清井井水清澈透明，三口浊井井水一个呈淡黄色，一个呈黑色，另一个呈淡褐色。井水口味各异。稍远看去，井栏古朴典雅，神韵别具；走近细瞧，井内水面翻腾鼎沸，滚浪有声。此外，在庙周边的河沟水塘内，还有多处沸泉在滚涌，从不停息，乡民们谓之为“龙气”，称沸井塘为“龙潭”、“沸潭”。

四、民俗文化

九里季子庙会。亦称嘉贤庙会，是江南最古老的庙会之一。庙会以吴季子祭日（农历四月十三）为主要庙集，民国时，季子庙组织戏班在戏楼唱戏，又增加三月初六为九里庙会，形成传统的民俗活动。后又增加农历二月初八为九里庙会。每逢九里庙会来临，历代都有朝廷或地方官员及民众前往九里季子庙祭奠吴季子，展现了人们对道德和品格的追求。九里庙会的民间祭祀不仅正规，而且范围广、规模大，堪称江南庙会之首。历史上与茅山道观形成的“上茅山、回九里”的传统习俗，旨在上茅山求功，回九里修德而功德圆满。

抬阁。是流传于丹阳市延陵地区历史悠久的一项群众文艺活动，据回忆在民国年间，延陵镇上曾有过五支抬阁同时演出的历史，其中镇上有三支，外地（金坛、直溪）二支，轰动一时，观看者人山人海，挤坠宝庆桥石栏。其演出常在大型庙会进行，为祈求国泰民安喜庆之举。抬阁是人抬之阁，阁中插上铁柱，柱上分层载上 5~7 个戏剧人物，其扮演者 10 岁左右童男童女，扮演《八仙过海》、《西游记》等人物，最高处人物离地约有 5 米，抬阁由 12 位壮汉抬着行走表演，故称“抬阁”。

余西居

20. 余西居

余西，古名庆余、余庆，又名龙城（地）。庆，福泽；余，遗留；意即积德行善之人必留福泽于子孙后代，故取名“庆余”。余西人才辈出，评书艺术家柳敬亭，被誉为扬州评话开山祖师；抗倭英雄曹顶，后人为纪念建有“曹公亭”。余西居因盐而生，因水而存，基于煮海为盐而逐步发展形成。初为煮卤晒盐的盐场，海岸东移成了以食盐转运为主的交通节点，形成了以水为主的空间，余西居因为滨海地区宝贵的盐业资源，在盐业中占据了举足轻重的地位。

一、自然环境

余西居位于长江下游，地处长江和黄海交接处，中心地理坐标东经121.15°，北纬32.03°，位于南通市东部，与上海一江之隔。距南通主城区30公里，距通州城区10公里，北有335省道、通吕运河，通甲公路、海二公路穿境而过。距宁启高速入口8公里，距南通机场12公里，距南通火车站25公里，距中国十大港口之一南通港35公里，水、陆、空交通十分利。

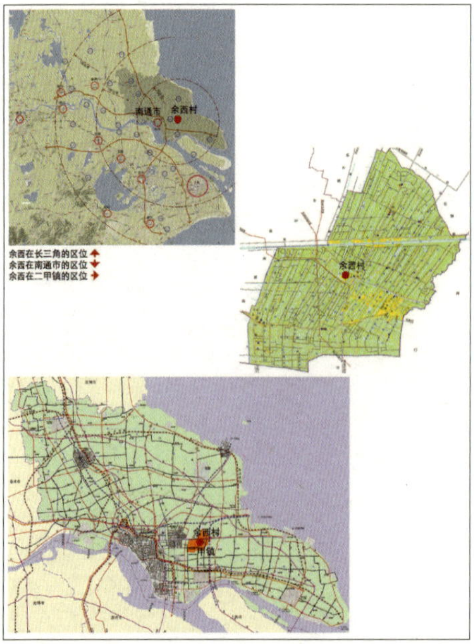

村落区位图

境内地势平坦，西北向东南略有倾斜，陆地平均高程为吴淞基点4.2米。地基承载力每平方米10吨以上，地震烈度6度以下。气候属北亚热带季风气候，四季分明，雨量充沛，光照较足，无霜期长，年最多风向为东南风。年平均气温15.3℃，全年降水量约987.7毫米。

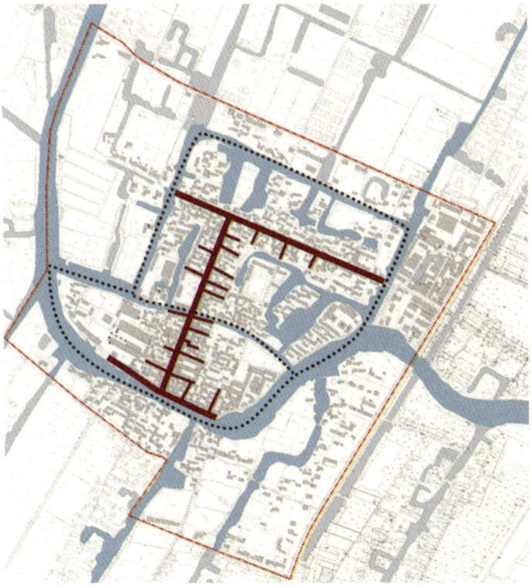

八字形水系与工字形街巷的村落空间格局

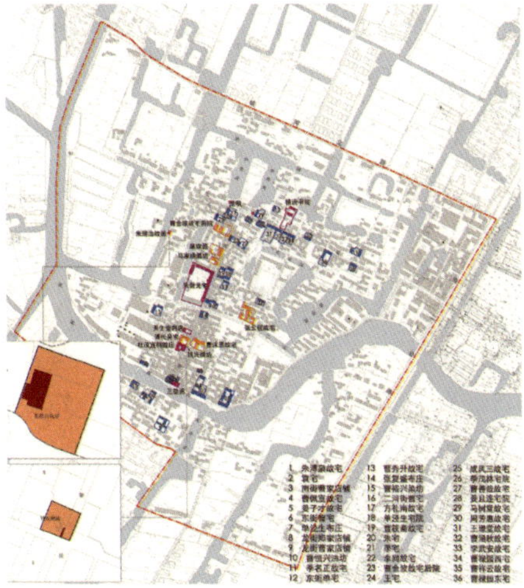

主要传统建筑分布

街巷及河道分布

历史环境要素分布

二、历史传承

余西居有 1300 多年文字记载，始于唐代，兴于北宋，盛于明清，基于煮海为盐而逐步发展形成，历经余庆寨（后周）、余庆场（宋）、余西场（元）、余西镇（清）、余西区（中华人民共和国成立初）、余西人民公社（1965年）、余西乡（1983年）、余西居（2000年）的发展过程。

南北朝之前，余西一地为黄海之滨的盐碱沙洲，南北朝中期出水。

唐末，海岸线西移，余西出水成陆，为水中沙洲。

宋代，余庆寨陆地面积进一步增大，盐业发展较快，行政地位得到提升，而设置余庆场，与拼茶场、马塘场、丰利场、金沙场同属通州。同时朝廷专门设置余庆盐务分司管理盐场，余庆盐务分司属通州义丰监，余庆场得到了长足的发展，达到"年产盐48.9万余石"。

元代，随着盐业生产规模的扩大，余庆场一分为三，即余西、余中、余东三场。始有"余西"之名（毗邻的余东镇已列入第四批中国历史文化名镇）。

明代中叶，余西盐业达到鼎盛，《通州直隶州志》记载"明太祖洪武元年

村落鸟瞰

置盐运分司于通州辖盐场十，丰利、马唐、掘港、石港、西亭、金沙、余西、余中、余东、吕四”。洪武二十五年，建余西课盐司。

民国元年（1912 年）2 月，废两淮盐运使司通州分司及各场盐课使，同时裁掉了余西场，余西古镇的盐业经济逐步衰落。民国二十三年（1934 年），余西镇为南通特别区公署第九区。

1953 年，成立余西区。1956、1957 年，原余西与国华、岸南、增谟、桥北、合勤等 6 乡合并为国华乡。1958 年 10 月建成国华人民公社。1965 年 7 月更名为余西人民公社。1983 年改为余西乡。1989 年，江苏省批准余西乡为南通县第二批对外开放重点工业卫星乡镇，享受中央规定的经济开发区的优惠待遇。2000 年 4 月，乡镇行政区划调整，余西乡撤销，并入二甲镇，原建置变为余西居。

村落鸟瞰

三、村落形态

余西古代为积沙成陆地区，作为盐业发展而形成的水乡聚落，村内水系环绕，虽有部分河渠不通，但整体格局保存较好，地形清楚可辨，村南运盐河为明代所浚的运盐河，为老通吕运河，北可连金沙镇，东可至吕四，运盐河向东向北有延伸的支流，场署及文庙周边环有护衙护庙水系，形成了运盐河、护城河环绕，中间横穿二河的 8 字形水系。余西历史街巷与水系体系完好，保持着水系环绕、村河相拥的水网格局，有着运盐河、护城河、护衙河、南沧沟、北沧沟、海甲河等历史水系。

村内中心南北向为龙街，北接场署与北街，南接南街与运盐河，这三条街巷是余西的主要历史街巷,余西内的传统商铺全部集中在三条街道沿线。其中，龙街路面仍保持碎石铺地，加之两侧传统店铺宅院林立，较好地保存了余西的历史风貌。与三条街道垂直的为村内巷弄，余西地方称之为“弄子”，有名称的弄子有茶庵殿弄子、十八弯弄子、曹家祠堂弄子、马家烧酒坊弄子、福建店弄子、朱泰记弄子等，共计 18 条弄子，宽多在 1~3 米，长度在 50 米以内。

村落鸟瞰

传统民居

余西因盐而生，因水而存。初为煮卤晒盐的盐场，海岸东移成了以食盐转运为主的交通节点，形成了以水为主的古镇空间。一千多年前的中国盐业，由于事关国计民生，故盐业属于国家专营的行业。余西古镇仰赖着滨海地区宝贵的盐业资源，在盐业中占据了举足轻重的地位。明代初年设立盐务衙署以及配套的机构和设施，如城隍庙、文武二圣庙，乃至市坊，义冢等。盐务衙署不仅表明了其地位的重要性，也标志着这个地区因盐形成的聚落，在当时已经具有了相当的规模。

余西符合我国古代因地制宜的聚落选址原则，堆土山迎合“面水背山”的风水思想。受《周礼·考工记》中《匠人营国》依据礼制秩序原则的影响，道路为工字街，盐业分司衙门北部居中，左右分布着庙宇学堂。一条主街贯通，其南端与横向的南街相接，而南街的另一侧，则是绕镇而过的运盐河。早年的交通运输依赖水路，所以镇南的商铺林立、最显繁荣。镇北的北街与乡野连接，余西衙署的设置，考虑到当时的地形优势，建在路北，正对主街，这种格局打破了中国城镇最高行政官的办事处都选址于地区的中心部位的通例。署衙三面河流环护，这既是一道安全防卫的屏障，也能藉以显示自身的威严。

余西在上述因素作用下，区别于一般滨水城镇平行于河道轴向生长，老镇区形成了独特的“中轴对称，城河相拥”的“工”字形城镇格局，属国内罕见。以“工”字形主街为骨架，衙署为龙头，两侧的东西街为龙须，左右古井为龙眼，南北向主街为龙身，铺路碎石为龙鳞，四座高桥为龙足，南街为龙尾，三官殿和大悲殿为龙的左右顶珠，镇内24座寺庙香火为吉祥龙云。街端部设有镇海门、对山门、迎江门、登瀛门四座城门，故又称“龙城”。

现存余西古镇区，面积约为26公顷，为明代余西城所在地。原有的迎江、登瀛、对山、镇海四城门，虽只有南面迎江门两侧城门垛残存，但仍能保持明清时期余西城“中轴对称，城河相拥”的基本格局。

古镇原有的基本框架：古镇的街巷肌理基本保存完整，最突出的是南北长街——“龙街”（兼排水功能），长422米，街巷两侧当年的商铺旧宅多数仍在；古护城河沿岸自然风貌仍在，另有四座古桥、六口古井。这些都保持了古城原有的基本框架。

因盐成邑的城镇体系仍能体现：现存古运盐河和盐码头，原有盐仓、盐店、盐栈等在清末民初张謇建设南通时期，随功能转化为棉花行、染坊等，但遗址尚在。这些都较好地体现了余西因盐成邑的城镇体系。

传统民居

古镇原有的功能格局得到反映：龙街两旁原为商铺，店铺蝉联，有盐庄、布庄、书店、酒店（坊）、肉铺、茶叶铺、药材铺和杂货店等，现仍零星存有商店；原有的主要宗教场所遗址尚在；原有的精进书院建筑尚存；原有的衙署功能场所的遗址基本保留；核心区内以居住为主，仍存在多处大门堂，民居虽为各个时期所建，但 89% 以上为一层建筑。这些都比较完整地体现了古城的原有功能格局。

节孝牌坊

村中的传统建筑布局形制分为两种：一是以龙街以及南街上的商铺为代表的商铺建筑，二是院落式住宅。商铺建筑多为前店后宅或下店上宅式，沿街

传统民居

为一到两层的传统店铺，其后多为居住店铺，以廉森源商铺为代表。住宅以三合院、四合院为主要形式，包括正房、厢房、倒座或门屋，院落中多为立砖铺地、并设水井，以曹海安故宅为代表。

村内建筑多为三开间或五开间，如单体是院落中倒座，则多为四开间，正屋明间大多凹进，倒座大多留有前廊。建筑进深多为四、六、八步架，六步架居多。村内建筑大多为双坡硬山屋面,屋面举折明显,脊端上翘,屋面曲线优美。

余西采用穿斗抬梁混合式木构架体系，建筑进深多为六步架，少部分为四步架、八步架。边贴都为穿斗架，正贴既有穿斗构架也有抬梁构架，穿斗构架多为边做月梁，抬梁构架多为圆作直梁。梁间以板壁填充，部分建筑在板壁上带有精美花纹，纹样内容多为暗八仙等吉祥图案。

建筑檐下若设挑檐，则在梁下设悬臂梁，以斜撑支撑，悬臂梁托斗，上接水浪机与挑檐檩，此地作法中斗下多有皿板，水浪机与斜撑多以繁复雕花装饰。村内建筑多无柱础，木柱直接立与桑石之上，用柱础时为木质柱础。屋面正脊多使用竹节瓦排立，或以瓦拼钱纹为脊，两端收头多使用雌毛脊，并抹灰饰以花纹，哺龙脊也见于村内个别建筑。屋面都为小青瓦屋面，勾头滴水上有装饰花纹，多为福字、兽纹、花草纹。室内与院内铺地多为青砖，室内多为青砖横铺，院内多为青砖立铺。

居民家中陈设多保持传统形式。院落中正房多为三开间，明间当中常设香案方桌，香案上布置佛像、烛台、花瓶等，两边贴墙各放一套桌椅。此间为卧室，多见拔步床等传统家具。厢房、倒座中多为厨房，常见传统灶台。

节孝牌坊。位于龙街，建造于乾隆二十六年（1761 年),《曹氏家谱》记载：“旌表。郁氏曹建章妻乾隆二十五年旌节孝建坊。”清徐缙、杨廷所著《崇川咫闻录》卷十列女表第十六有载：“节孝。乾隆二十五年旌，郁氏，曹建章室。”牌坊宽 3 米，高 5.5 米，坐西朝东，是一座梁柱单门式石牌坊。上楣额阴刻“太子太保兵部尚书兼都察院右都御史总督江南江西等处军务粮饷操江加三级尹继善。太子少傅兵部侍郎兼都察院右都御史总理粮储巡抚江苏等处提督军务三级陈弘谋。大理寺卿提督江苏等处地方学政加三级李因培。江南江宁等处地方承宣布政使司布政司加三级彰宝。署江南直隶通州知州加五级张宗衡。州同夏扶雲。州判钱朝栋。学政毕擢。训导吕淑茂。吏目钱斌。大清乾隆岁次辛巳年建”。下楣额阴刻“旌表故儒士曹建章妻郁氏孺人之坊”。上下横额分别雕刻二龙戏珠和狮子滚球，柱上阴刻对联一副：“百年贞操冰霜厉，千载徽音日月昭。”

朱理治故居。位于余西西部运盐河畔，为老一辈无产阶级革命家朱理治的故居，建于清末，于1989年被列为通州市市级文物保护单位。建筑仅存两间朝东厢房，进深四界，屋面为黑色蝴蝶瓦，墙体抹灰，梁架为穿斗式结构，边贴已毁，正贴为四界大梁上承两界梁，上立短柱承脊檩。门前柿树已有百年。

杜谊茂绸布庄。为前店后宅，前店六界穿斗，中间四界设置为两层，仅在六界进深的中间设柱子一根。上层为穿斗式四界进深。后宅为两层建筑，面宽三间，进深六界，观音兜山墙。二层走廊梁悬挑，撑栱装饰卷草纹浮雕。窗户装饰弯曲菱形格。正贴为六界进深两柱落地，边贴六柱落地。于2007年被列为南通市通州市区级文物保护单位。

精进书院。穿堂三间，进深六界。屋面黑色蝴蝶瓦，屋架圆作，正贴四界抬梁前后剳牵四柱落地，边贴为穿斗式六柱落地。短机雕刻水浪纹。正脊为三线雌毛脊，正吻为龙抬头。地面为方砖铺地。院落为席纹小青砖铺地。正房三间形制基本同穿堂，后面不开门。于2007年被列为南通市通州市区级文物保护单位。

朱晋元宅。朱晋元是由屠户发家的，而后又经营当铺和其他生意，成为余西巨富，其子朱善余继承家业，为人厚道，在当地口碑甚好。朱晋元宅位于余西古镇老街和中街的交叉口西北侧，经几代变迁，现存该建筑包括：朝东建筑一座，面宽五间，进深六界硬山建筑，结构为四界穿斗前后剳牵，东面檐廊，廊下轩梁雕刻以民间故事为题材的浮雕。山墙为观音兜。建筑高大,四阶台基，室内地面为进口地砖。临街部分为当铺和店铺，但已不复原貌。

古井。余西现存7座古井，即东西龙眼和其余5座古井。东西龙眼年代为明代，都位于余西老街的西北角，两井相隔不到二十米，东边一座青石井栏，内圆外八角，无款无纹饰，井圈用砖石垒砌。西边一井为花岗岩井栏，所有边沿均凿横纹，水质甘醇，仍然清澈深邃。另外5座古井分别位于曹沫恩故宅院内、余西小学西（曹家祠堂遗址）、朱浦泉故宅北、曹金波故宅西和精进书院北，其年代分别为清代和民国。

四、民俗文化

余西蓝印花布。元末明初，余西场先民为避兵火，携家谱、典籍举族自江南群体迁来，财力雄厚，同时，也带来蓝印花布传统工艺。元、明后，蓝印花布印染技艺发展到鼎盛时期，此时余西古镇有数十家染坊，所产蓝印花布闻名天下，著名的染坊有曹裕兴染坊（分坊）、衙门口染坊、王子标染坊、季长春染坊、冯家染坊等，公私合营时，季长春染坊合营至南通城；冯家染坊合并至余西区二甲印染厂，该企业体制几度变迁延续至今。随着时代的变迁，老字号染坊所剩无几。

木版画。为南通市级非物质文化遗产，是采用我国传统的木刻水印这一刻版方法制作而成的。木刻水印主要用以复制书画绘画等艺术作品，因用水墨及颜料在木刻版上印刷，故称木刻水印。版画在我国具有悠久的历史，唐代已有相当精美的木刻版画，敦煌发现的唐代咸通九年（868 年）木版印刷《金刚经》中的《说法图》就是我国现存最早的木刻版画。唐代流行单色刷印，至明末发展为彩色套印，有如饾饤，故明代人称“饾板”。分勾描、刻板、刷印三道工序，余西制作的木版年画，亦运用此法。通州有一种古老的风俗，无论是平民百姓家，还是达官显贵府，除户族中有人去世外，大年三十家家户户都要贴年画。木版年画的制作早先一张木质模板作为母板刷上黑色，勾画出人物的黑色线条轮廓，然后由画师用毛笔填色，后因工作效率慢，而发展成为以木质的模板印刷而成，一般六七套即可，色彩由红、绿、蓝、蓝四种配制而成。

余西的“杭与兴纸坊”位于龙街西侧，是一家百年老字号纸坊。该坊第三代传人 75 岁的杭荣和先生至今仍在制作各种模板年画。年画的内容主题，多以丰收、多子、长寿、吉祥如意为主，符合节日、喜庆的心理。体裁格式依所悬贴的部位而定，色彩风格具有明显的江海地域特色和浓郁的乡土气息。余西木版年画近年出现了一些内容、形式俱佳的新年画，受到当地老百姓的喜爱。

草堰

21. 草堰

草堰古村隶属于盐城大丰市草堰镇，位于大丰市西南，南与盐城东台市毗邻，西与泰州兴化市接壤，204 国道、新长铁路、沿海高速公路、串场河、通榆河贯穿其中，是大丰市的南大门，曾隶属扬州府东台县，古有“盐城”之称。

一、自然环境

草堰村地处苏北里下河流域，所处区域为沿海滩涂淤积而成。该区域村落

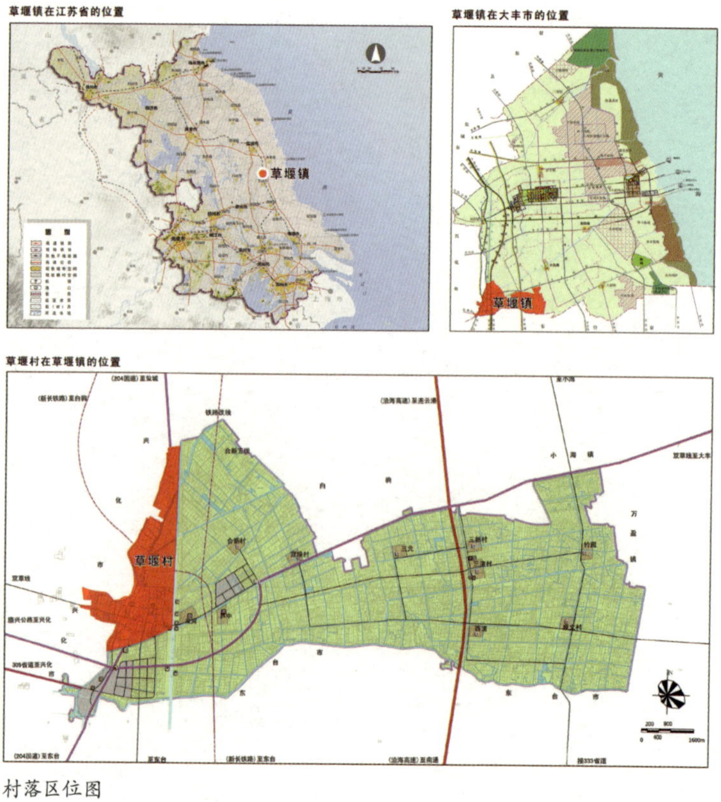

村落区位图

形成的历史过程中，由于黄河入海水道数次改道，洪泽湖水患不断，防洪排涝成为村落选址的主导因素，耕作半径的要求退居其次，因此常常出现千户以上的大型自然聚居村落。草堰传统村落自范公堤以西区域发展至今跨堤而居，已逾两千户，整体地势平坦，水网密布，主要河流串场河、大转弯河、小转弯河、夹河、草堰灶河、小海灶河等贯穿其间。

草堰属于亚热带向暖温带的过渡地段，兼有海洋和大陆两大气候特征。四季分明，光照充足，雨量充沛，霜期较短，温和湿润，气候条件比较优越。年平均温度 14.5℃，一月份平均气温 0~1℃，七月份平均温度 28~29℃；年平均降雨量 1100~1200 毫米，主要集中在六至九月份；日照 2214 小时，年平均无霜期 236 天；偶尔有雨涝、台风、冰雹等灾害性天气。

草堰村村域包含草堰自然村和竹溪居委会，村域总面积 840.37 公顷。由于历史的原因，草堰传统村落一直坐落于竹溪居委会范围内（位于现草堰镇区），即大转弯河、新 204 国道、北越闸（草堰越闸）和草堰石闸（小海越闸）围合的区域。该区域包括了目前草堰镇区的西侧部分，其中，小转弯河以西与北越闸以北部分基本为农田，小转弯河以东部分至老 204 国道基本为老镇区，老 204 国道以东部分多为新镇区。传统村落面积 80.09 公顷。

二、历史传承

草堰历史上盛产海盐，曾是两淮盐场的主要治所。草堰，春秋战国时期成陆，秦汉时期人们就在这里从事渔、盐业活动，南北朝时有“堰”之名。历史记载，“南朝宋武帝刘裕避兵于草堰卧龙桥”，距今已有 1600 多年的历史。

在元朝两淮二十九盐场中，草堰是草堰场、小海场、丁溪场三场衙门所在地，在草堰设有盐课司署。明代在草堰设有东、西察院堂，是皇上钦命的盐务管理机构。1917 年，实业家张謇在草堰创办了全国首家盐垦股份公司“草堰场大丰盐垦股份有限公司”。历史上的草堰不仅以盛产海盐而享誉，更因有范仲淹筑堤御海和盐民张士诚起义而出名。草堰遗存大量的历史史料和古迹，“古桥古井、古闸古堤”是人们研究古代海盐文化史不可多得的珍贵文物。

临海煮盐：东汉前春秋时期，草堰已经成陆，战国时属楚国广陵地方，秦属九江郡广陵县。西汉时期，草堰属吴王刘濞封地，先后属广陵县和海陵县；

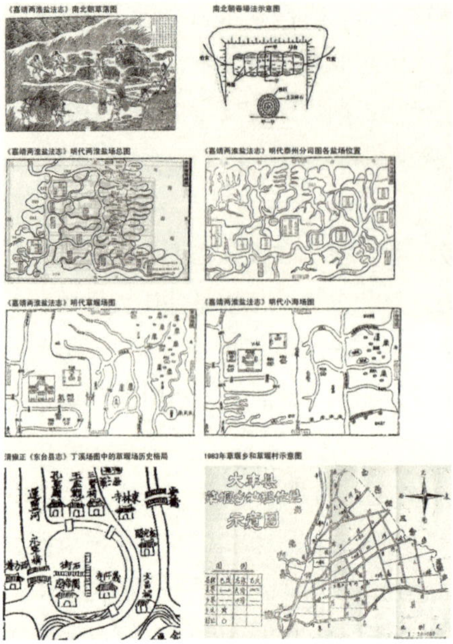

村落历史地图

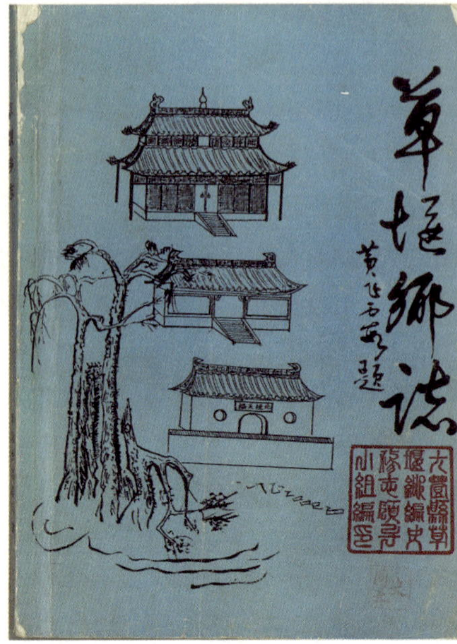

草堰乡志

主要传统建筑

主要传统环境要素

东汉属广陵郡，盐业生产进一步发展，已有一定规模的海盐生产。

筑堰煎盐：南北朝至五代三国时草堰属魏国边境地区的海陵县，东晋至南朝属建陵县。唐五代时，草堰隶属泰州海陵监，但尚无盐场建置记载。

设场治盐：北宋至元末北宋初期，今日的草堰村地区正式设立了南八游场，先属楚州盐城监管辖，南宋至元末主要属泰州海陵监管辖。小海场在宋代也已设立，其位置也在今草堰村内。元末二十九场中，包括了丁溪、小海、草堰三场，此后直至清乾隆时期，丁溪、小海、草堰三场均在今草堰镇域，其中草堰村长期是小海和丁溪两场的治所所在。

治灶分离：南宋至清末，受黄河夺淮自然因素以及盐法制度人为因素的影响，南宋以后的草堰等淮南盐场出现了治、灶分离的趋势。明孝宗弘治八年（1495年）黄河全流夺淮后，草堰等淮河以南盐场更加远离迅速动迁的海岸线，灶民受明代“聚团而煎”制度的约束而集中居住在海滨，场治所在的草堰村日渐脱离了盐业生产，成为盐业管理、收运、贸易商业和生活中心。清代海岸线持续东迁，许多盐场因管理不便而撤并，草堰的行政建制也发生了变化，并最终导致了草堰村与盐业生产的完全脱离。

废灶兴垦：东汉直至清末，草堰的主要产业是盐业，但民国以大规模的“废灶兴垦”运动彻底取代了盐业。1914年，张謇推动颁布《垦荒章程》。此后，草堰村和其他淮南盐场全部废灶兴垦，草堰由盐业为主转型为以棉麦两熟为主的纯农业村落。1917年由周扶九、张謇等人创办的大丰盐垦公司收购了草堰场的全部灶区。

1938年草堰沦陷，中华人民共和国成立后虽然行政建制多变，但草堰村一直是草堰镇、区、乡、公社的行政中心。

村落俯视

村落鸟瞰

村落鸟瞰

村落鸟瞰

三、村落形态

草堰处于长江与黄河之间，河泥淤积，海潮顶托，古为“海堡”。春秋开始有人类，临水而居，形成有地缘特色的风水宝地，串场河、小转河、龙溪古河、西团河穿村而过，尤以龙溪古街与夹沟处于人口最密集之区，“两岸人家尽枕河”。北越闸（草堰越闸）、草堰正闸、鸳鸯闸（草堰石闸，含小海正闸与小海越闸）建于范公堤上，穿连水系，形成村落，血脉户籍，水系的灵气与建筑的古老形成别具特色的人文气息。

草堰村传统格局以盐运文化为核心，传统古建筑主要分布在古盐运河两侧以及龙溪古街道、袁家巷、太平巷、钱家巷、朱家巷等，所有建筑迎巷而建，巷中以青砖石板铺设而成，从而形成了五街十二巷，其中遗存古石阶路 5 条，分别是龙溪古街、袁家巷、钱家巷、太平巷、太平一巷。龙溪古街发源于唐朝，龙溪古街紧挨古永宁桥原地，在夹河西侧，又名跑马街。龙溪古街由青石板道、古码头、古河房和沿街店房组成，其中青石板道为明代遗物，古码头亦为明代遗物，古河房和沿街店面房为清代早期建筑。

草堰村历史上有 72 座民间水井，在村落中星罗棋布，现存的还有 54 口井可使用；龙溪河、玉带河、小转河、大转河均保留传统格局，草堰镇仍保留一段四华里长的古代原物范公堤。范公堤及其五座古闸均为省、市、县不同级别的文保单位，地域个性特征显著。整个村落形成此呼彼应的传统文化氛围与格局，呈现出两淮深厚大气的盐文化与江南典雅灵动的吴文化互为烘托的特色。

传统民居主要以青砖小瓦木结构飞檐翘脊为特征，主要分布在古盐运河两侧以及龙溪古街道、袁家巷、太平巷、钱家巷、朱家巷等，建筑群保存完好，所有建筑迎巷而建，巷中以小青砖、青石板铺设而成。钱氏古屋、张氏古屋，构造别具一格，在抗日战争中成为开国大将粟裕的作战指挥部。此外，传统建筑还包括宗氏六陈行、朱氏民居、袁氏古民居、钱家古宅等，建筑雕刻精湛，造型生动。

钱氏卷瓦楼（粟裕指挥部）。位于草堰镇民主街 3 号，建筑为砖木结构，古瓦盖顶，上下两层共六间，造型典雅，雕工别致，牢固稳定，具有清代建筑风格。1940 年和 1945 年，粟裕司令员转战苏中期间，曾两度将指挥所设立在钱氏卷瓦楼。

朱氏民居。位于草堰镇富强街 37 号，夹沟之西。始建于清代，其房屋风格典雅别致，呈半开放式庭院，保存完好。

李氏民居。占地面积 156 平方米，建筑面积 62 平方米，为清咸丰年间

（1851~1861 年）民居，且室内数件家具陈设为清代实物。

宗氏六陈行。现有五间古民居，为清代康熙时建筑，有数件明清家具。明万历十一年，草堰场进士宗灏于清初开六陈行，经营粮食与酒坊，生意兴旺，享誉四乡八镇。宗氏六陈行在龙溪古街袁家巷南首西侧。

刘书贵宅。始建于清代，整体为砖木结构，青砖墙体，正立面以青砖墙面为主，开木质门窗。目前建筑质量一般，传统建筑风貌保存完好。

钱氏宅。位于钱氏卷瓦楼内，粟裕指挥部西侧。始建于明代，整体为砖木结构，青砖墙体，正立面以青砖墙面为主，开木质门窗。目前建筑质量一般，传统建筑风貌保存完好。

吴氏宅。始建于清代，现存三间古房，连同古院落，其建筑保持清朝早期风格，现存于草堰太平巷东侧，为杨凤藻后裔杨立居住，文物价值很高。

高永根古宅。始建于明代，明朝首府住宅，连同古院落，其建筑保持明清风格，建筑局部后期修缮。整体呈砖木结构，青砖墙体，正立面以青砖墙面为主，开木质门窗。目前建筑质量一般，传统建筑风貌保存完好。

龙溪古盐运河。南北长1200米，南至龙门桥，北至北极殿，原河宽18~28米不等，河道两侧建筑以青砖小瓦木结构为主，分布在古盐运河两侧形成了如太平巷、钱家巷、袁家巷等五街十二巷的建筑群体。

古闸。包括草堰石闸（含小海正闸与小海越闸）、草堰正闸和北越古石闸（草堰越闸）。

草堰石闸位于草堰村南端，即小海正闸，与小海越闸并称鸳鸯闸，始建于明万历十一年（1583年），清雍正七年（1729年）和乾隆十二年（1747年）两度改建，两闸相距20米，形体一样，青石砌成，均为二孔一矶心，每闸长14.8米，矶心宽4.2米，金门宽5.3米，高4.8米，闸门为东向西，每孔两侧有四槽，备有两闸板相对启闭。明代，为有效地东御海潮、西泄兴化等地来的洪水，在范公堤上建有13座闸，此两闸为现存较为完好的石匠闸。

草堰正闸地处北极殿东侧稍南，古范公堤段。唐大历年间，李承上奏朝廷，筑捍海堰，草堰地处捍海堰中心地段。高邮、兴化之水下泄，控制海潮顶托，其时便有闸的雏形。北宋天圣五年（1027年），范仲淹任西溪盐仓监，目睹捍海堰年久失修，水患频繁，便和海陵监发运使张纶一道上奏朝廷，请求修筑捍海堰，圣上恩准。清康熙三十一年（1692年）重修，雍正七年（1730年）改建；光绪三十一年（1905年）合塔圩文生（古草堰场）陈宗铭诉于江淮抚署台准修缮正闸。民国三年（1914年）水患加剧，草堰乡亲协力呼诉，蒙上峰府允，次春兴修正闸，兴化承修员袁继香住于正闸近处的北极殿内监督此项工程。草堰正闸设两孔，每孔宽1丈6尺，矶心有14层，高深1丈4尺1寸，金门各宽1丈6尺，矶心宽为1丈2尺5寸，用板四槽，相对启闭。1963年改建现闸，身留有三道金门石库。闸底和三道门完好，均是大型青石垒砌，保持明朝古闸荆门建筑的原样。草堰正闸隶属“草堰五闸”系列，对研究苏北沿海水利史，研究古代兴化之水入海体系和排洪泻湖，抵挡海潮的古闸设施与功能，研究古代劳动人民治理水患和引水沃野的科学构思，提供了珍贵的实物佐证。

古桥。永宁桥始建于明万历三十六年（1608年），清康熙年间扬州府补修，光绪二十六年（1900 年）钱厚之再修。永宁桥用锁石、全石垒孔，整体由数千块古石砌成，不失明代拱曲桥风韵，其呈五方梯式踏级结构，直通五个方向。河东两处正面踏坡，直通大街；向南踏坡，通向河东沿岸茶馆、酒肆、八鲜粮行；河西三处正面踏坡，直通西方庵；向南、北踏坡，通向历史上盐运河沿岸商店林立的繁华地带。大桥主体两侧，各有对联一副，石刻其上。南侧联为："路接东亭曰康曰庄占利济，桥成北堰乃文乃武际风云。"北侧联为："三百载逸韵风兴怀前哲，亿万年丰功伟绩泽被群伦。"不但为桥增色添辉，而且是石桥壮观、价值之恰切体现。永宁桥完全石造，工艺精美，姿态雄伟，实属罕见。其造型与苏州枫桥一脉相承，全石独拱。

龙门桥紧傍串场河。龙门桥原为木头平板桥，明朝中叶建成石拱桥，民国重建。桥间以石头、青砖、四门汀结合，具有典型中西合璧的民国时期建筑风格。

草堰卧龙桥又名困龙桥，在魏晋南北朝时就建成，桥面由四块长丈余，宽三尺，厚尺许的大青石组成，因刘裕当年征讨南燕途过而成名。刘裕，元熙二年（420 年）代晋称帝。20 世纪 40 年代被日军拆毁，原址现剩一堆碎石。

古井。宋代义井位于大丰市草堰镇中心小学西山巷内，新中路仿宋街北侧。此井开挖于宋代，原为玉真观内部井，后道教人员为方便周围街坊邻居饮用，辟此井为公用义井。根据史料记载，清代文学家李汝珍，曾居住于玉真观二楼，用此井水磨墨写成《镜花缘》前五十回，从而赋予义井又一深厚文化内涵。宋代古井在苏北沿海所见不多，现井圈保存完好，井水清澈甘甜，仍继续方便周围居民生活。

关岳庙古井，草堰关岳庙建于明朝嘉靖十九年（1540 年），关岳庙东侧的古井，紧靠启圣宫，启圣宫为宋代古迹，此古井即开凿于宋代，启圣宫毁于兵燹，此古井沿袭于关岳庙古井，故均称之为关岳庙古井，溯源历史，此为宋代古井，现存于草堰大会堂大门东侧。

西方庵古井，草堰西方庵建于明朝嘉靖年间，庵内古井亦开凿于明代，此明代古井现存于草堰粮管所仓库西山，小转河之东，紧靠西方。粟裕大军进驻草堰西方庵饮用过此井之泉。

古树。银杏树 2 棵，古桂花树 1 株，古银杏树距今已有近 300 年历史，古桂花树距今已有 350 年历史。

古庙。现有 3 座，分别为吴王张士诚揭竿起义之地——北极殿以及义阡禅寺一座，明代真际庵一座。

王姑墓。位于草堰镇初级中学院墙西北角。该墓为元末盐民起义领袖张士诚妹妹张士英（生卒年不详）之墓，是巨型石墓，历经六百余载，1960 年曾挖到墓穴石纹，后复封闭，至今未开。《大丰县志》、《兴化县续志》、《东台掌闻录》、《大丰文史资料》等史料中都有关于王姑墓的记载。

竹溪碑廊。位于大丰市草堰镇老文化站院内，竹溪碑廊长 13 米，宽 1 米，为盐城市首家文物碑廊。廊内镶嵌 16 块古代石碑，其中有宋代范公堤碑、宋代海慧庵匾额；明代杨果撰写的宗时泰墓志铭，记载着嘉靖十八年前草堰经济文化的繁荣发达；朱恕墓表，记载着朱恕隐士的哲学思想及其高尚品德；有满清政府镇压太平天国、江南战乱、回族人移居东台、草堰一带避战乱、买墓地，呈请县衙告示保护墓地的史料；还有关岳庙巨型石匾额，草堰场、丁溪场与小海场的疆界碑等有价值石碑。

码头与埠头。是水乡集镇的重要生活元素，在这里更是盐运集散的重要设施。现存历史埠头仅 2 处，均位于古盐运河西岸龙溪古街段，分别在中心桥北 35 米、50 米处。石级保存完好，宽 1.9 米，褐色花岗石和青灰色石灰石混杂铺设，石面光滑圆润，由于年深日久，许多条石阶已磨成明显的凹状，具有厚重的历史感。历史上在龙门桥以南东西两岸均设有盐运码头，为当年盐场治所管理下的镇区进行盐业收运、贸易所用。除此以外，历史上沿古盐运河两岸埠头至少十余处，为沿岸居民生活、生产提供了便利。

四、民俗文化

口头民间文学：张士诚传说。张士诚（1321~1367 年），元末明初的义军领袖与地方割据势力之一。泰州白驹场人（今属大丰市大龙乡张家墩），小名九四，出身盐贩，汉族人。张士诚是流传在苏州、苏南地区是一个有重大影响的盐民起义领袖人物，自称吴王。

张士诚的传说源于元至正十三年（1353 年间），至今约有近 700 年的历史，以口头民间文学的形式，经过历代文化人和人民群众的加工，使其故事充满神奇色彩，风趣幽默，传说中关于盐民起义领袖人物张士诚反压迫、反剥削、英勇不屈的历史传说故事和智斗官僚公绅、揭竿起义等趣闻轶事，在里下河等地区广为流传，长年不衰，具有明显的传奇特征。

目前，《张士诚传说》已被列入江苏省第三批非物质文化遗产名录，姜鸿愚为《张士诚传说》省级传承人，收录张士诚的故事传说 40 篇，1 万多字，以活态方式传承。

龟

山

22. 龟山

龟山村位于江苏省淮安市洪泽县老子山镇西南，因山得名，龟山是盱眙山脉西麓的一座孤山，南北较长，山势与盱眙山脉平行。龟山曾为淮上名山，历史上佛寺林立，文人墨客云集，题咏龟山的诗词文章不计其数。龟山地处历史运河漕运要道，一度发展成为运河重镇，商贾云集，盛极一时，直到南宋以后逐渐衰落。村中现留存有丰富的文化遗存，生产生活方式传统，民风民俗淳朴，基本保留了村落的历史格局与传统风貌。

一、自然环境

龟山村是淮河东侧四面环水的小岛，龟山纵贯村西，村域总面积约 478 公顷，分为淮河东、西两个片区，淮河以东为村落主要的生活与生产区域，面积约 127 公顷；淮河以西为生产区域，面积约 349 公顷。东北距老子山镇主城约 10 公里、距洪泽县主城约 40 公里、距淮安市主城约 70 公里，南距盱眙县主城约 12 公里，东距金湖县主城约 45 公里。龟山地势南高北低、西高东低，东部为鱼塘湿地及大别山余脉的丘陵地带，南部为河流、湿地，西隔淮河为平坦的鱼塘地。

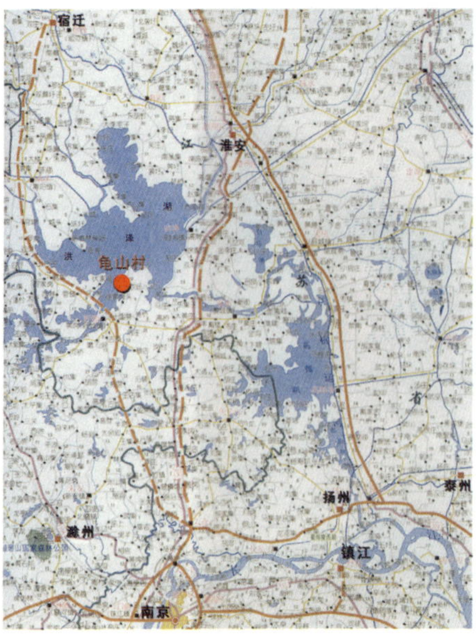

村落区位图

龟山属暖温带季风性湿润气候，气候温和，雨量充沛，四季分明，年平均气温 14.7℃，常年主导风向为东南风，其次为东风和东北风。村域范围内有着丰富的水资源，主要来自淮河的过境水。土地资源很少，仅有约 28 公顷，基本没有耕地。水产资源丰富，盛产草鱼、鲫鱼、鲢鱼、鳙鱼、螃蟹、河虾等水产品。

二、历史传承

龟山因形若巨龟浮于水面而得名。龟山村位置独特，地处淮河入洪泽湖口，四面环水，北与老子山遥相呼应，自然环境优美，周边水资源丰富，是一个以渔业生产为主的传统渔村。

隋唐至北宋时，因地处漕运要道，龟山地区发展成为临淮重镇，即龟山镇，盛极一时，始建寺庙。

南宋时，宋廷南迁，漕运停止、运河淤塞，龟山镇逐渐衰落。

明清时，因黄河夺淮，淮水水患频发，龟山镇时常淹没在洪水中，龟山最终沦为孤岛。

民国时，龟山寺庙荒废，人烟稀少，极度荒凉。中华人民共和国成立前后，外来移民进入龟山，经过近百年建设，最终形成今天的村落规模。龟山地区历史上属盱眙管辖;1956 年 5 月，国务院批准重建洪泽县，将原属盱眙县的蒋坝、老子山、龟山等地划入洪泽县。隋唐时，龟山地区漕运繁忙，龟山镇兴起，佛教也在淮河、洪泽湖地区兴盛起来，龟山始建寺院。

北宋元丰六年（1084 年）开龟山运河，置淮南、淮东漕运司，置务税令，龟山镇一时“人烟繁盛，倍于淮阴”。寺庙林立、香火缭绕，有龟山寺、淮渎庙、无梁殿等寺庙及建筑。

民国时，龟山寺庙荒废，人烟稀少。村南沿河一带，当地居民以石头及芦苇修建石头结构建筑与芦苇结构建筑。

中华人民共和国成立前后，外来移民增多，龟山村建设加速，建筑沿龟山东侧自南向北拓展分布，村落规模逐渐外扩，建筑仍以石头为材料。

20 世纪 90 年代后，龟山村出现砖混结构房屋。

三、村落形态

龟山“四面临水”特色的形成有着漫长的过程，期间经历了数百年的变迁，才最终形成今天的水域环境，这与黄河的变迁、淮河的变迁、大运河的变迁以及洪泽湖的形成有着千丝万缕的联系。

空间上由东向西形成“湿地 – 村落 – 山体 – 河流”的山水格局。

村落四面临水，周边水网密布，俨然一个水中绿岛，空间上由东向西形成“湿地 – 村落 – 山体 – 河流”的山水格局。东部、东南部及东北部是河流、鱼

移建安淮寺碑

塘等湿地密集分布区域，外围为连绵起伏的丘陵地带，分布着村落与农田。中部为龟山村，山在村居西呈南北延绵态势，村居则在山东错落分布。西部为淮河，淮河，向北即入洪泽湖。

河流、山体、鱼塘等要素构成了龟山村村域环境的多元性与独特性，它们与民居、业态、民俗等一同成就了龟山村独特的人文和自然景观。

河流。龟山西、南两侧为河流，西部紧邻淮河，南侧为龟山运河河口遗存。淮河，古称淮水,与长江、黄河和济水并称“四渎”，是中国七大江河之一。淮河发源于河南省桐柏山，干流流经河南、安徽、江苏三省，经龟山向北汇入洪泽湖，最终流向长江、黄海，从古到今一直都是重要的水运航道。

龟山运河开凿于北宋时期，在淮河的右岸形成了一条新的运河，以避船只逆行淮河的风涛之险。淮河往来船只，经龟山进入龟山运河，向北途径老子山、洪泽镇，最终抵达楚州（今淮安区），是北宋政府从淮南、江南、湖广调运漕粮，运达京畿的重要航道。进入南宋后，逐渐淤废，时至今日，仅有河口遗存。

山体。因 20 世纪 50 年代开山采石，现仅剩一角，风貌不再，今天的龟山葱葱郁郁、绿树成荫。山体东侧，民居沿山体分布，错落有致。整个村落地势南高北低，村南高出水面十余米，放眼望去，视野极其开阔。自村南水面远眺龟山，整个村落就是一片水中高地，占据了高度上的优势，沿岸景观分外怡人。

鱼塘。村东、东南、东北为大面积的鱼塘，总面积近100公顷，是村民从事渔业生产的场所。鱼塘星罗棋布，水网纵横交织，鱼塘之间通过河流与鱼塘埂相互联系，水域风光秀丽，形成了独特的湿地景观。

龟山现状主要道路呈“枝干”形布局。以一条南北向道路为主干，贯穿全村，两条东西向支路横跨东西，若干小路参差交错，连接各家各户。另外，沿龟山西侧河滩有一条游步道与主干道路相连。村落围绕道路聚集，外围被山水包围。主路与若干小路组成交通网络，密如蛛网地延伸到村中的各个角落，形成独特的网络系统，体现了传统生活环境的特殊功能和审美意义。

龟山村落现存215栋建筑中，共有93栋传统建筑，包括石头房子、砖石房子、砖木房子以及芦苇房子4种类型。其中，石头房子是龟山村独具地方特色的传统民居，具有一定的审美价值。传统建筑总体上呈现20世纪80年代的乡土建筑风貌，保留着木板门、木窗、青砖或红砖叠涩出檐、水泥瓦屋面等传统做法。龟山村在建筑材料和风貌方面均演绎着传统建筑的发展过程。

龟山村的传统建筑主要来源于当地的山水资源。传统建筑就地取材，石头房子取材于龟山，芦苇房子取材于鱼塘、河流中生长的芦苇，地方资源造就了龟山传统建筑的地方特色。

龟山村的空间格局是逐步生成的，有着长久的演变发展过程。龟山村最初的建设集中于村南，随着人口增多，逐渐由内向外（由南向北）扩展，形成了今天“沿山拓展”的村落格局。最初的建筑集中分布在龟山南麓，即今天的文物遗址区一带，主要是砖木结构的寺庙建筑，历经时代更迭，多已不复存在，如今仅残存淮渎庙庙宇2间。民国时的建筑大多就地取材，用当地的石头及芦苇垒墙，以芦苇、茅草等作屋面材料，形成石头结构建筑与芦苇结构建筑，今天在村内还能看到少量民国时期的石头结构建筑。随后，外来人口增多，仍以当地的石头为主要建材，建筑沿龟山东侧自南向北拓展分布，村内现存的石头结构建筑多是这段时期修建。20世纪50年代，龟山由于开采遭到严重破坏，山体开挖殆尽，砖作为新的建筑材料被引入，用于修缮石头结构建筑及建设新房，房屋仍旧保持着传统的门窗做法。20世纪90年代后，新式材料与风格兴起，开始出现砖混结构房屋，传统风格建筑修缮也受到时代风格的影响。

淮渎庙庙宇。为淮渎庙残存建筑，坐北朝南，面阔2间，墙体为青砖砌筑，坡屋顶，内部为木梁架结构。该建筑现被用作厨房，由于后期修缮，外观风貌

御码头遗址

被改动，屋顶为水泥瓦覆盖，但原有门窗形制依稀可辨。

龟山寺塔地宫。建造年代为宋，为龟山寺塔地宫遗存，地宫顶部已缺损露空，可放置木梯由地面下至地宫地平。地宫底部为正方形平面，边长 176 厘米，自高度 144 厘米处四角出平行于对角线的砖叠涩，皮砖逐层外跳，每跳出 4.6 厘米，将四边形平面找成八边形平面，每边长约 67.5 厘米。八边形墙面上置两皮砖 13 厘米厚阑额，自墙面出跳 5 厘米。阑额上搁置斗栱，使地宫顶部呈八角形穹隆状。地宫南向墙壁有拱门通甬道，地宫地平与拱门下槛即甬道底高差 9 厘米，甬道底至 97 厘米高度起半径为 36.5 厘米拱券。甬道内拥塞碎砖瓦，可测深度为 121 厘米。八边形阑额之八角及每边正中置坐斗，斗腰宽 23.5 厘米，斗底宽 17 厘米，斗高 13.5 厘米，斗腰高 2 厘米，斗耳高 5.5 厘米，斗口为 12 厘米：自八角出五铺作双抄华栱，补间出四铺作单抄华栱。交互斗面宽 20 厘米，底宽 14 厘米，高 13.5 厘米。瓜子栱、泥道栱均以素枋代，高度 19 厘米。华栱高 19 厘米，由并列竖砌的两皮磨砖构成，宽 12 厘米。华栱几乎全部残缺损坏。第三跳斗上承两皮砖枋子，其上再向中心出跳 10 厘米一皮砖。另在村民家井边发现两面雕青石，一面四周为莲花纹，另一面为浮雕龙纹围绕当中莲花纹。青石边长 90 厘米，厚 15 厘米，形状、大小与地宫顶吻合，有可能为地宫顶盖石。地宫砌体用砖尺寸为 19 厘米 ×38 厘米 ×6 厘米,可见砖缝白色灰浆。

御码头。相传为南宋建炎元年（1127 年）赵构帝所至而建，历代沿用。共 15 级，下五层台阶，口呈弧形。传说清乾隆皇帝曾登临。宽 3.5 米，总高 4.5 米，共 15 级，下五层台阶口呈弧形。码头石料为玄武岩和少量青石，与石工墙连为一体。

石工墙。建于明代，长约 100 米，条石修筑，石料为玄武岩和少量青石，驳岸中部略有破损，保存状况较好，与御码头相连。其主要功能为稳固河岸，抵御淮河水流对河岸的直接冲刷。

圣旨碑。明代，碑身现位置并非原址，碑身与碑座由村前水域中打捞出来，现分处两地。碑身高 2.15 米，宽 0.94 米，厚 0.22 米，弧形碑额，材质玄武岩。楷书，碑文残蚀严重，字迹难以辨认，其大概意思是皇帝下达圣旨，要求加强淮河龟山一带的环境植被保护。

碑文：淮工部次使按院□题护从今后（自）龟山□马遇湖一带有愚民擅采取一草一木及牧放牲畜□□者护□者□□以凭□究依律治罪不贷特示圣旨□□□建按淮扬等处□□□□扬□□□□□□□□□□凤阳府知府□□司□月日仝

移建安淮寺碑。清代，碑位于原址，碑高 2 米、宽 1.15 米、厚 0.22 米。碑额长 1.3 米、高 0.75 米、厚 0.4 米。额满浮雕蝙蝠祥云图，正面中央阴刻篆书“移建安淮寺碑”字样。碑座赑屃长 2.5 米、宽 1.5 米、高 0.8 米。碑文隶书，字径宽 4.5 厘米 × 高 3.5 厘米。碑文为清太子太保予告体仁阁大学士扬州阮元撰写。碑刻先前断裂为两截，1998 年时经修复，重新树立。

碑文：大凡事之钜艰者，久必变通。其通也，待其时，亦待其人。黄流入海每岁远必岁高，黄既高而不能堰清同其高，于是蓄清刷黄、借清济运之说穷。且湖堰横决上河，下河民逃，谷没者屡矣。嘉庆末，有为南北两运转搬过黄之策者未行，又有灌塘济运之策遂行之。南河总督麟帅值其时，于是决计平淮消险，上下河田，周回千里，年屡大丰，民安谷熟，石米什银一两，此得其时欤，抑待其人而后行也。麟帅不敢居，谓此圣天子定策感召之所致，亦淮渎神福民灵贶之所昭。天子亲书淮庙匾，修淮渎庙。麟帅率属报祭，遂复周览泗州，登眺龟山，见有古佛出于水面，察知为宋无梁殿。于是泗而拯出铁佛、铁罗汉、铁钟、铁镬甚多。移于山麓，别建为寺，曰安淮寺。神佛有灵，应时而出。庶几昔年饥溺之民，今日得见安澜。有如此，麟帅又建船坞于老子山，行船可避风浪。复于圣人山下开通旧河，以避马狼冈之迂险，便民之事无不为也。麟帅庆，己巳进士，为贵大宗伯庆所得士。余己酉进士，又大宗伯己未进士之座主也。戊戌冬，余乞恩致仕，归来淮扬，亲见民生安乐。寺工已成，请为碑文，磨石以待。铭曰：禹使庚辰，锁巫支祁，今淮泗安，加石閟之。宋建古殿，由金臂禅师。铁佛出水，因泗之卑，泗涡愈卑，民生愈治。人力所通，遭逢圣时。太子少保、予告体仁阁大学士扬州阮元撰并书

重修淮渎庙碑。明代嘉靖，位于原址，碑高2.65米，宽1.15米，厚0.23米。碑座长1.5米、宽0.7米、高0.5米。碑额位于碑身北侧20米处，有待安装，碑身右下角缺失。碑文楷书，字径6厘米 ×6厘米。“议大夫都察院右副都御史前总漕运兼抚凤阳等处地方兰溪渔石唐龙撰书”。碑背有碑记一篇。

碑文：洪濛既分，震荡底定，天下之水，播为四渎。所以平准五行，纲纪八准，渗漉九野，润泽万物，胥于是乎，在夫淮其一乎。而与江与河与济厮流合源，并形区域者也。淮出于胎簪，由桐柏而导之，挟涡水而中注于泗。距泗之盱眙东北三十里，龟山隆而起，延首曳尾，丰背而踞。踧束其澜，以输之东海。不激不悍，不轶不溢，民享其利，而亡其害。是山又淮之镇也。山有淮渎庙，不止祀者何神。经云：禹治水，三至桐柏，获水神巫支祁，形犹猕猴，力逾于九象。命庚辰扼而制之，锁于山之足，淮水始安。夫神岂庚辰欤？抑公羊子曰：山川有能润于百里者，则秩而祭之。淮润不啻百里，可知已无亦妥诸淮水之灵哉。或又曰：支祁之宫在是尔。夫山妖水怪，直惟驱之而已，岂可宫耶？其诞明矣。岁月滋久，庙日以圮。水且失其故道，汛焉汤汤焉，灌于沙，陟五十二河，湖害未已也。嘉靖己丑春，凤阳府知府曹子嘉率知州袁子淮登山之颠，以省厥菑，怃然叹曰：惟庙不称神居，水之用溢，无乃神弗相与民溺，已溺则何忍。时予方抚莅兹土，侍御史徐子锦，亦以行部至，亟以正告而咸是之。知府知州与盱眙县知县朱鸾，各捐金以经始其役，庶民于于而集，越四十日，用告厥成。予以还朝摄台事。知府知州轻数千里，而以文请予，惟神以庇民，国以事神，庇民弗至，有神之羞也。事神弗虔，有官之责也。况兹水患间，殚为河，民其鱼矣。乃悍然莫之省忧乎。今日之役，为民之故，以徼惠于神，庶几神之居歆，御灾捍患，罔怠厥职矣。譬之婴儿有疾，其母遍索鬼物而祷之，情之至也，即嫌于媚，

民居

民居

奚恤。上之不忍吾民，犹父母之不忍吾子也！是故忧河决者，乃沈其玉，闵天旱者，靡爱斯牲，率用此道尔矣，其书之也则宜。知府廉直慈惠，知州洁已爱民，其所善政，咸沨沨然以兴夫工特取节云。嘉靖庚寅孟秋既望建。

游龟山访禹迹题咏碑。清代陶澍所撰。现镶嵌在一民居室内墙壁上，字迹清晰。道光十年（1830年），两江总督陶澍等至龟山，在淮渎庙题“游龟山访禹迹题咏碑”。

碑文：湖堤巡历堤工成，又趁晨晾破浪行。秋水方平宜放棹，好山如画况知名。临流有侣偕酬唱，设险何人此屏营。幸际承平不忘武，敢云帷幄坐谈兵。寥空指点白云隈，叠看山曲磴开。铁锁尚传神禹迹，丹炉先访老君台。三洲钟鼓声原震，万倾波澜力孰回。曾向槫桑观浴日，闲情仍策六鳌来。一勺天光洗眼新，野谋同载为观民。山中猿鹤情如识，水底鱼龙气已驯。瓜浦远浮前渡雨，桃源疑接故乡人。淮南草木清湘色，丛桂秋来映旧津。聚米军屯拣习流，山川能说更探幽。径余枫叶深通屐，信报梅花稳插头。济世怀原期彼岸，登仙缘欲证同舟。此行合补何镗记，努力湖河借上游。芦灰填尽溺莫拯，羽渊空戮黄能婞。噩圻天生薏苡人，以蹑神奸归九鼎。从来地气山泽通，淮流出山行地中。南江北河两澎湃，水母独锁支祁宫。

支祁有力逾九象，金爪雪牙身五丈。帝命庚辰锁此山，然后淮流平似掌。岁岁乌龙望母回，无复青猿惊铁纲。此事流传未或非，要知神力非人为。怪孽往往护巢穴，深山大泽生龙蛇。君不见钦丕鸟号刑天，舞穷奇嚎梼杌语。三身十尾种类多，伯益夷坚笔难数。一从烈火付朱熊，长使魑魅慑雷雨。鸱脾桓胡曷足云，远矣临流叹微禹。元圭功四千年，谁知此地成变迁。深谷为陵岸为谷，虹堤一亘真茫然。黑波沄沄云欲压，势卷荆涂控巫峡。废址难寻南五台，洪涛乱滚东三闸。沿淮从此化沧波，无麦无禾口空呷。可怜一千五百铁头僧，欲渡无梁同入劫。嗟哉禹法在厮渠，载高能使束归墟。即论转运迫晷刻，旁泄何如穿左肋。水底支祁冷笑人，此过非吾定谁责。行行我是问津来，隙听木鱼正呼客。

四、民俗文化

洪泽湖渔鼓。洪泽湖渔鼓是在旧时的“端鼓腔”（又名“端鼓舞”）的基础上发展起来的民间舞蹈。“端鼓腔”源于满族人的风俗“跳神”，后来传到鲁南地区形成一种迷信职业，清末传到洪泽湖，成为渔民祈福禳灾的一种迷信活动。表演者表演时，左手持一种形似葵扇的渔鼓，鼓柄长 17 厘米左右，柄尾有一圆形或菱形铁环，环周设有三个铁环，三个铁环每个再串系三个小铁环。左手摇鼓，环声铛铛；右手击鼓，鼓声将将，再加上变化多样的舞姿，气势恢弘。后来，洪泽湖区民间艺人将“端鼓舞”舞姿发展为模拟渔民生产劳动和庆祝丰收、祈求吉祥的动作，演员也由 2~3 人发展到多人，演出场地亦由船上发展到陆地或舞台表演。洪泽湖渔鼓具有表演不受场地和演员人数限制的特点，既可二三人在船头表演，亦可由十几人或几十人做舞台表演。渔鼓道具制作简易，表演人为普通渔民，原创渔鼓舞没有专业的高难度舞蹈动作，便于普及，老少皆宜。洪泽湖渔鼓在包括龟山村在内的洪泽湖区域流传甚广，目前保护较好的代表作有《刘文龙赶考》、《张郎休妻》、《魏征斩小龙》等十余部，主要曲调是“嚷神咒”、“念佛记”。

口头民间文学。洪泽湖区域流传口头民间文学较多，如《水母娘担水淹泗州》、《水漫泗州城传说》、《金兀术不焚龟山寺》、《龟山传说》、《巫支祁传说》、《龟山足下百牛潭》等，其中因传说中的巫支祁井位于龟山，所以《巫支祁传说》传说在龟山村区域内更是家喻户晓。相传大禹治水，曾三至桐柏，获淮涡水神巫支祁，并将其锁于龟山之足，淮水始安。《巫支祁的传说》源于中国古人对变幻莫测的自然现象缺乏科学的认识而产生的超自然的英雄神话传说。早期的《巫支祁传说》都与大禹有关，而大禹是我国早期的人文先祖，是治水英雄，是中华民族文明发展史中优秀的领袖。传说大禹在淮河流域治理洪水期间，治水工程遭到巫支祁（又称水母娘娘）的恶意破坏，于是大禹派众神擒拿巫支祁，巫支祁被天罡星庚辰擒获后，奉大禹之命将它压在龟山足下。这在明代嘉靖年间立于龟山的“重修淮渎庙碑记”中有记载，碑记写道:“水神巫支祁形如猕猴,力逾九象。命庚辰制之,锁于山足。”后来,《巫支祁传说》有很多不同版本，如明代传说朱元璋筑城墙时，因遇到巫支祁洞而筑城墙困难,于是就用沈万山的聚宝盆填封了巫支祁洞。巫支祁因此大怒，担来神水淹了明祖陵和泗洲城。为了降服巫支祁，观音菩萨扮成卖饭婆，诱使巫支祁吃面条时，面条变成铁链子，锁住了巫支祁，并将她镇压在龟山足下的深井中。